Gumbo კულინარიული წიგნი

100 გემრიანი და არომატული რეცეპტი ბაიოდან. ყოვლისმომცველი გზამკვლევი ლუიზიანას ხელმოწერის კერძისთვის

ხვიჩა ტაბატაძე

□□□□□□□

და ს კ ვ ნ ა   275

შესავალი

გუმბო

Gumbo Cookbook არის თქვენი საბოლოო გზამკვლევი საუკეთესო გუმბო კერძების მოსამზადებლად bayou-დან. 100 გემრიელი და ავთენტური რეცეპტით თქვენ აღმოაჩენთ ლუიზიანას საფირმო კერძის მდიდარ და რთულ გემოს.

კლასიკური ზღვის პროდუქტების გუმბოდან დაწყებული ქათმისა და ძეხვის გუმბომდე, ეს კულინარიული წიგნი მოიცავს გუმბოს ყველა სხვადასხვა სახეობას. თითოეული რეცეპტს თან ახლავს ნაბიჯ-ნაბიჯ ინსტრუქციები და სასარგებლო რჩევები, თუ როგორ მიაღწიოთ სრულყოფილ არომატს და ტექსტურას.

რეცეპტების გარდა, Ultimate gumbo კულინარიული წიგნი ასევე შეიცავს სახელმძღვანელოს გუმბოს ინგრედიენტებისა და ხელსაწყოების შესახებ, ასევე სასარგებლო რჩევებს, თუ როგორ უნდა შექმნათ სრულყოფილი რუხი. ყველა რეცეპტის განსაცვიფრებელი ფერადი ფოტოებით ეს კულინარიული წიგნი პირდაპირ ლუიზიანას გულში გადაგიყვანთ

გუმბოს გამოცდილი პროფესიონალი ხართ თუ პირველად მზარეული, Ultimate gumbo კულინარიული წიგნი არის საუკეთესო რესურსი გემრიელი და ავთენტური გუმბო კერძების შესაქმნელად

საბაზისორეცეპტები

1. <u>რუსი</u>

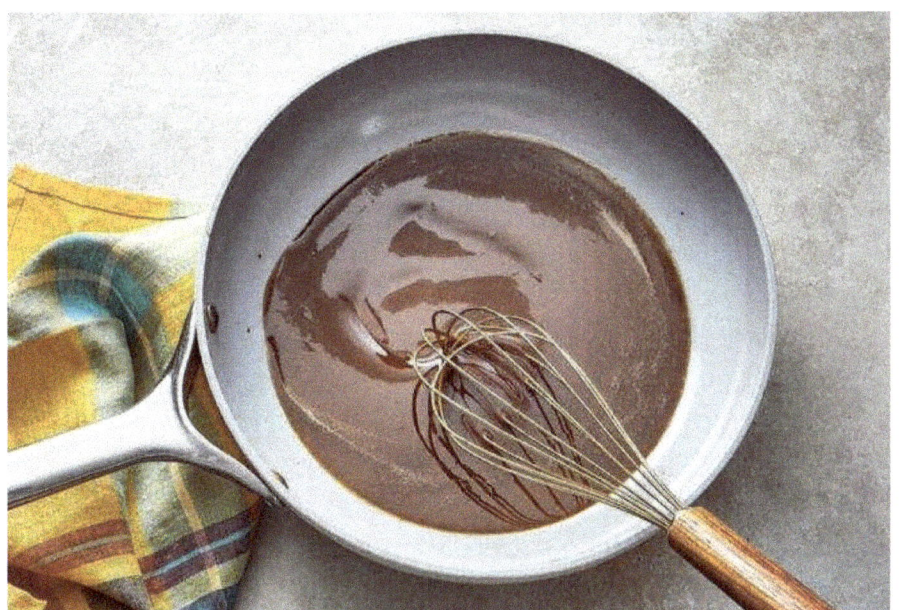

გამოდის დაახლოებით1 ჭიქა

ინგრედიენტები:
½ ჭიქა მცენარეული ზეთი
½ ჭიქა უნივერსალური ფქვილი

გააცხელეთ ზეთი დიდ მძიმე ქვაბში მაღალ ცეცხლზე; დაუმატეთ ფქვილი და განუწყვეტლივ ურიეთ სანამ მასა არ დაიწყებს შეწითლებას. შეამცირეთ სითბო საშუალოზე ან საშუალოზე და მოხარშეთ მუდმივადაურიეთ სანამ რუხი არ გახდება საშუალო ყავისფერი, ან არაქისის კარაქის ან რძის შოკოლადის ფერი.
თუ უფრო მუქი გუმბო გირჩევნიათ გააგრძელეთ შეწვა მანამ, სანამ რუხი არ გახდება მუქი შოკოლადისფერი. რაც უფრო მუქია რუხი, მით უფრო თხელი იქნება რუზინი. რო არ დაწვათ თორემ გუმბოს გემოს გაუფუჭებს. თუ დამწვრობის სუნი ასდის, ძალიან დიდხანს იხარშება. გუმბოების უმეტესობა გემრიელი და ოდნავ სქელია, როცა რუხი რძის შოკოლადის ფერია.

2. ზღვის პროდუქტების მარაგი

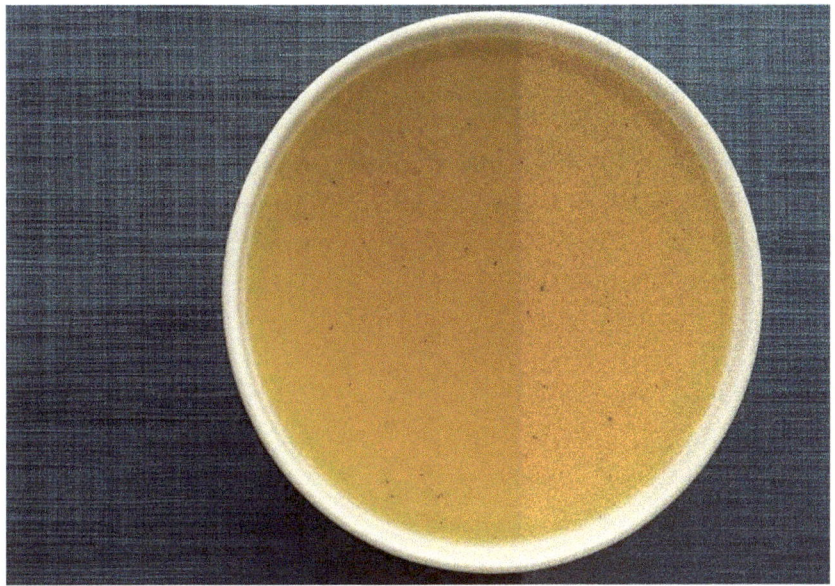

აკეთებს 5 ჭიქას

ინგრედიენტები:
1 ½ ფუნტის ნაჭუჭები კრევეტების, კრაზანების ან კრაბებისგან

ნაჭუჭები მოათავსეთსაშუალო ზომის ქვაბში და დაფარეთცივი წყლით მიიყვანეთადუღებამდე. დაფარეთსახურავი, შეამცირეთ სითბო საშუალო-დაბალზე და ადუღეთ 30 წუთის განმავლობაში. დაძაბულობა.

3. ფრინველს მარგი

აკეთებს 8 ჭიქას

ინგრედიენტები:
3 ფუნტი ქათამი, ინდაური ან იხვის ძვალი
1 დიდი ხახვი, გახეხილი და მეოთხედი
2 ცალი ნიახურის ღერო, განახევრებული
2 სტაფილო, მეოთხედი
½ სუფრის კოვზი შავი პილპილის მარცვლები
2 დიდი კბილი ნიორი, განახევრებული
10 ჭიქა ცივი წყალი

მოათავსეთ ყველა ინგრედიენტი 6 ლიტრიან ქვაბში. მიიყვანეთ ადუღებამდე. შეამცირეთ სითბო საშუალოზე დაბალზე, ქვაბს დახურეთ სახურავი და ხარშეთ2 ½ საათის განმავლობაში. როცა საკმარისად გაგრილდება, გადაწურეთ მთლიანად გააგრილეთ და ზემოდან მოაყარეთ ცხიმი. თუ წინასწარ გააკეთებთ შედგით მაცივარში და გამოაცალეთ მყარი ცხიმი.

4. ბრინჯი

იღებს 6-8 პორციას

ინგრედიენტები:
2 ჭიქა წყალი
2 ჭიქა გამდიდრებული გრძელმარცვლოვანი ბრინჯი
½ ჩაის კოვზი მარილი

პატარა ქვაბში სახურავით მიიყვანეთ წყალი ადუღებამდე. დაამატეთ ბრინჯი და მარილი. შეამცირეთ ცეცხლი, დახურეთ თავსახური და ხარშეთ დაბალ ცეცხლზე, სანამ წყალი არ შეიწოვება, დახლოებით20 წუთი. არ არის საჭირო მორევა.

5. კრეოლური სანელი

აკეთებს 2 ½ უნციას

2 სუფრის კოვზი მარილი

2 ჩაის კოვზი კაიენის წიწაკა

4 ჩაის კოვზი ახლადდაფქული შავი პილპილი

4 ჩაის კოვზი ნივრის ფხვნილი

4 ჩაის კოვზი პაპრიკა, ტკბილი ან ცხელი, ან გემოვნებით

4 ჩაის კოვზი ნიახურის მარილი

2 ჩაის კოვზი ჩილის ფხვნილი

აურიეთ ყველა ინგრედიენტი საშუალო ზომის თასში. შეინახეთ გაწმენდილ 2 ½ უნცია სანელებლების ბოთლში. სუნელი ინარჩუნებს თავის ძალას რამდენიმე თვის განმავლობაში.

GUMBO

6. ძროხისა და ლორის გუმბო

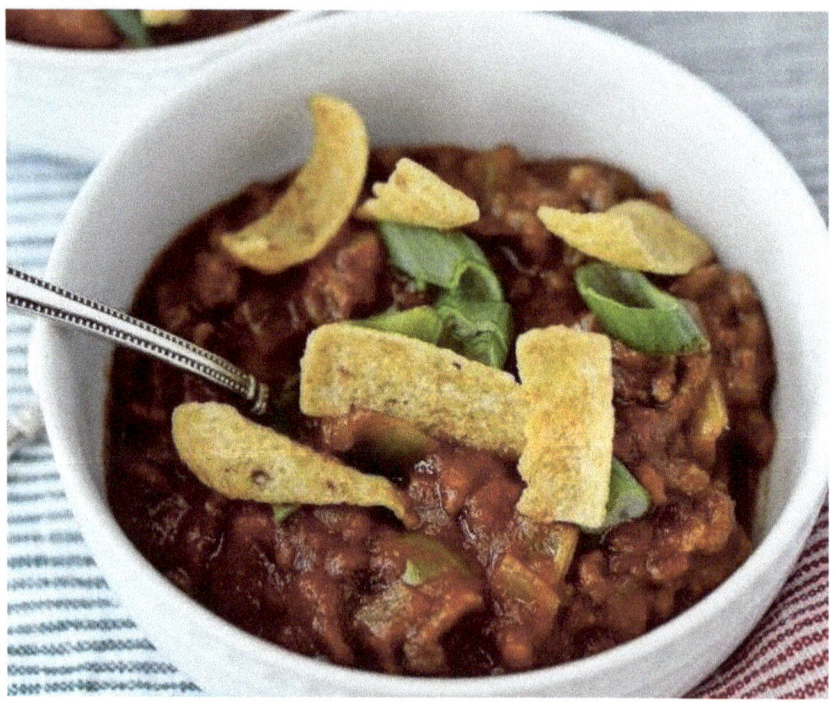

აკეთებს: 3

ინგრედიენტები:

- ¼ სუფრის კოვზი ზეითუნის ზეთი
- ¼ ფუნტი. ბალახითიკვებება საქონლის ხორცი
- ¼ ფუნტი. დაფქული ღორის ხორცი
- 1 საშუალო ზომის პომიდორი, დაჭრილი
- ⅛ პატარა ყვითელი ხახვი, დაჭრილი
- ½ ხალაპენოწიწაკა, დაჭრილი
- ½ კბილი ნიორი, დაჭრილი
- ¼ (6 უნცია) ქილა უმარილოტომატის სოუსი
- ¼ სუფრის კოვზი ჩილის ფხვნილი
- ¼ სუფრის კოვზი დაფქული კუმინი
- მარილი და ახლადდაფქული შავი პილპილი გემოვნებით
- 1 სუფრის კოვზი წყალი
- 2 სუფრის კოვზი ჩედარის ყველი, გახეხილი

ინსტრუქციები:

a) მყისიერქვაბში ჩაასხითზეთი და ყველა ინგრედიენტი.
b) კარგადაურიეთდა დახურეთთავსახური.
c) დააყენეთ გაზქურა „ნელი მოხარშვაზე“ მაღალ წნევაზე 4 საათის განმავლობაში.
d) ტაიმერის შემდეგ "ნატურალური გამოშვება" ორთქლი და ამოიღეთსახურავი.
e) მიირთვითცხელი.

7. ჰოლანდიური ღუმელის სოსისი და ქათმის გუმბო

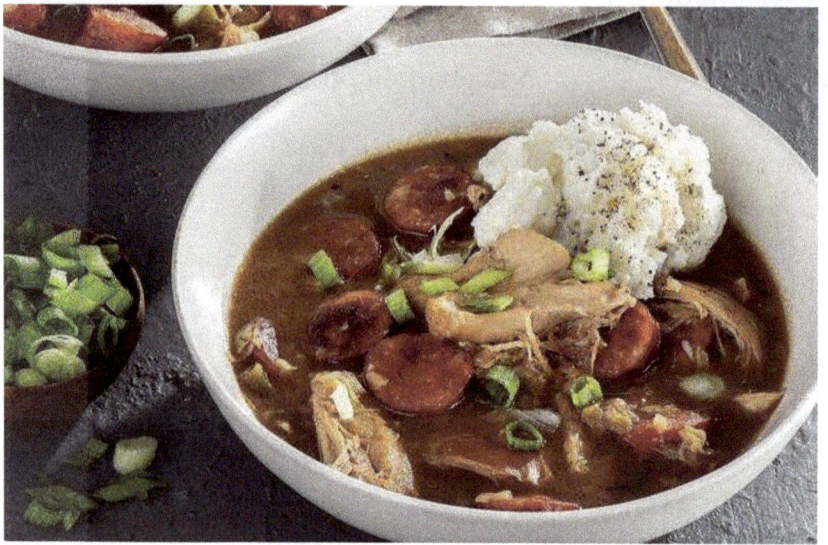

- 10 ფუნტ. ქათმის ნაწილები
- მწვანე ხახვი წიწაკა
- წყალი
- ყვითელი ან თეთრი ხახვი
- 5 ფუნტ. ძეხვი, დაჭრილი ნაჭრებად
- ბულგარული წიწაკა, წითელი და მწვანე
- რუხი (მოხარშული ფქვილი და წყალი)
- 4 ჭიქა ბრინჯი
- კაიენის წიწაკა
- კარაქი
- ნიახური
- 7 ჭიქა წყალი
- მარილი

a) ქათმის ნაწილები მოხარშეთ წყალში, სანამ არ დარბილდება და არ ჩამოვარდება.
b) ამოიღეთ ბულიონიდან, გააგრილეთ და ამოიღეთ ქათამი ძვლებიდან.
c) წყალში დაამატეთ ძეხვი, ნიახური, ხახვი და ბულგარული წიწაკა თქვენი გემოვნებით
d) მოხარშეთ სანამ ბოსტნეული არ დარბილდება, დაამატეთ ქათამი და ადუღეთ დაამატეთ მეტი რუხი სასურველი სისქისა და ფერისთვის.
e) მოხარშეთ მუდმივად ძირში ნახშირით გარეცხეთ ბრინჯი, მოათავსეთ დერჩოვენში წყლით მარილით და კარაქით
f) დაფარეთ და მოხარშეთ ზომიდან ნახშირით სანამ წყალი არ შეიწოვება და ბრინჯი არ გახდება.
g) მოაყარეთ ბრინჯი გუმბოდ გემრიელ დმიიროვით

8. სოკოს ლობიოგუმბო

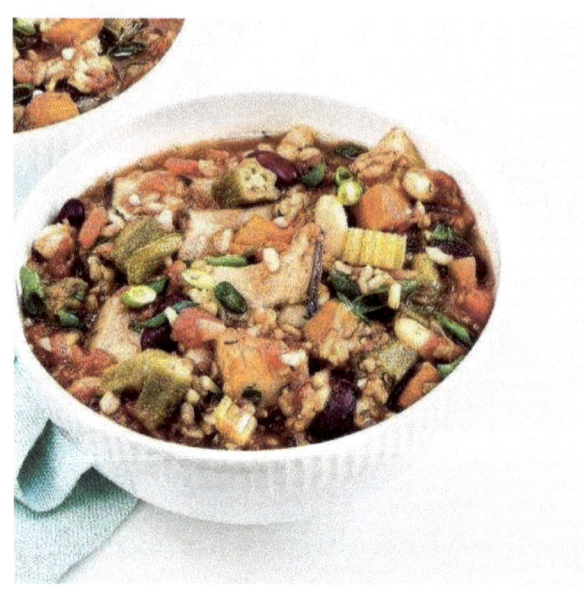

ილებს: 4

ინგრედიენტები:

- 3 კბილი ნიორი, დაჭრილი
- 1 ჭიქა სოკო, დაჭრილი
- 1 ჭიქა ლობიო, გაჟღენთილი ღამით
- 1 ბულგარული წიწაკა, დაჭრილი
- 2 ს/კ თამარის სოუსი
- 2 საშუალოზომის ყაბაყი, დაჭრილი
- 2 ს/კ ზეითუნის ზეთი
- 2 ჭიქა ბოსტნეულის ბულიონი

ინსტრუქციები:

a) დაუმატეთ ყველა ინგრედიენტი მყისიერ ქვაბში და კარგად აურიეთ
b) დახურეთ ქვაბს თავსახური და ადუღეთ მაღალზე 8 წუთის განმავლობაში,
c) მიეცით საშუალება ბუნებრივად გაათავისუფლოს წნევა 10 წუთის განმავლობაში, შემდეგ გაათავისუფლეთ სწრაფი გამოშვების მეთოდით
d) კარგად მოურიეთ და მიირთვით

9. ზღვის პროდუქტები Gumbo Stock

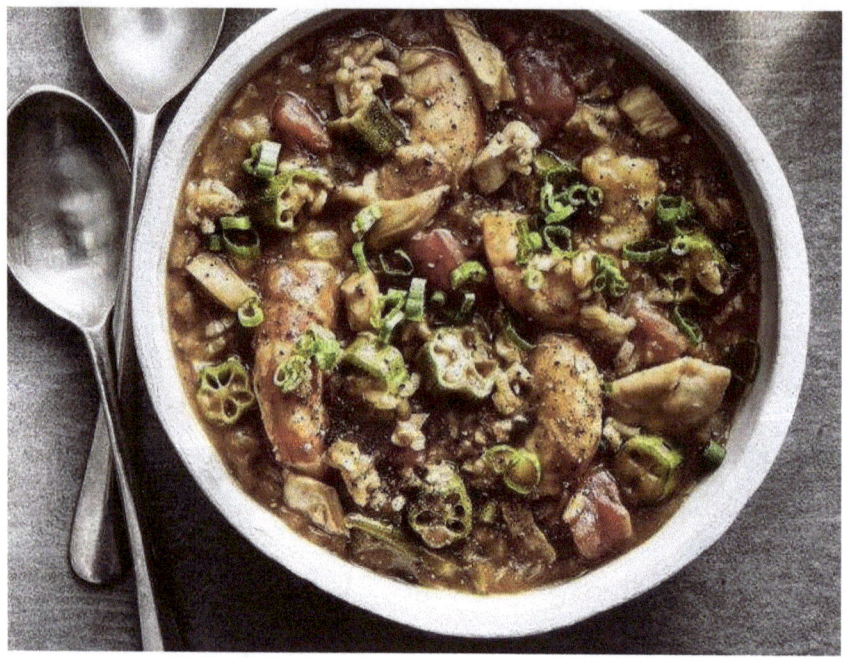

იელდს: 8

ინგრედიენტები:

- ½ ფუნტი კრაბის ნაჭუჭები
- ½ ფუნტი კრევეტების ნაჭუჭები
- 6 ჭიქა ცივი წყალი
- 1 ჭიქა მშრალი თეთრი ღვინო
- 1 პატარა ხახვი; მეოთხედი
- 1 ორაგულის თავი
- 1 დაფნის ფოთოლი
- 3 ყლორტი ახალი თამი
- 5 წიწაკის მარცვლები
- 2 კბილი ნიორი
- 1 სტაფილო; კუბებად დაჭრილი

ინსტრუქციები:

a) მყისიერ ქვაბში მოათავსეთ ორაგულის ზეთი, კრაბის ნაჭუჭები და კრევეტების ნაჭუჭები და *შეწვით* 5 წუთის განმავლობაში.

b) ჩაასხით წყალი მყისიერ ქვაბში.

c) დაამატეთ ყველა დარჩენილი ინგრედიენტი წყალში.

d) დახურეთ მყისიერი ქოთნის სახურავი და დააბრუნეთ წნევის გამხსნელის სახელური *დალუქულ* მდგომარეობაში.

e) აირჩიეთ *მექანიკური* ფუნქცია, დააყენეთ მაღალ წნევაზე და დააყენეთ ტაიმერი 48 წუთზე

f) როცა ის ბგერს; *ნატურალური გამოუშვით* ორთქლი 10 წუთის განმავლობაში და გახსენით მყისიერი ქოთნის სახურავი.

g) მომზადებული ბულიონი გადაწურეთ ბადისებრი საწურში და გადაყარეთ ყველა მყარი ნივთიერება, მოაშორეთ ზედაპირის ყველა ცხიმი და მიირთვით ცხელი.

10. ისპი გუმბო

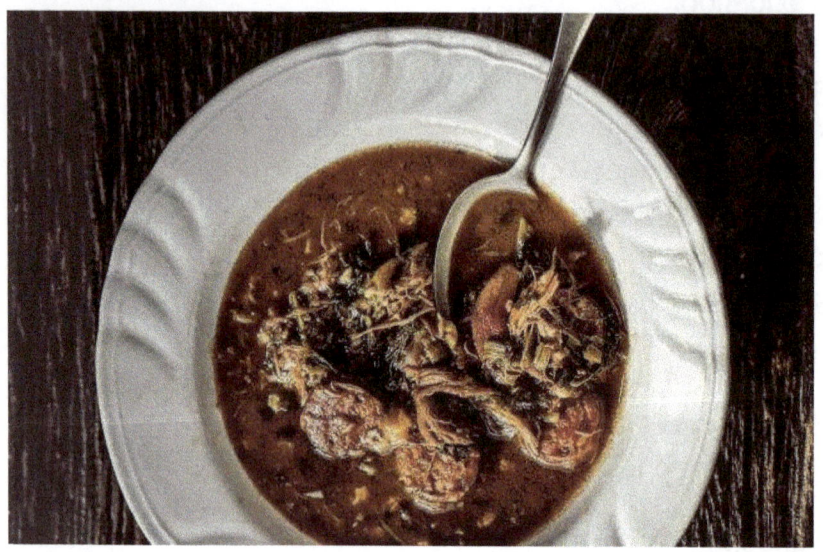

ილებს: 12.

ინგრედიენტები:
მარაგი:

- 3 დიდი ან 4 პატარა იხვი
- 1 გალონი წყალი
- 1 თავი ხახვი, მეოთხედი
- 2 ნეკნი ნიახური
- 2 სტაფილო2 დაფნის ფოთოლი 3 ტ მარილი
- 1 ტ წიწაკა

Gumbo:

- ¾c. ფქვილი
- ¾c. ზეთი
- 2 კბილი ნიორი, დაჭრილი
- 1 ჭიქა წვრილად დაჭრილი ხახვი
- ½ ც. წვრილად დაჭრილი ნიახური
- 1c. წვრილად დაჭრილი მწვანე წიწაკა
- 1 ფუნტი ბამია დაჭრილი ¼" ნაჭრებად
- 2 T. ბეკონის ცხიმი
- 1 ფუნტი ღვეზელი, გახეხილი კრუვეტები
- 1პტ ხამანწკები და ალკოჰოლი
- ¼ გ. დაჭრილი ოხრახუში
- 2 ც. მოხარშული ბრინჯი

ინსტრუქციები:

a) კანის იხვები; მოხარშეთ წყალში ხახვი, ნიახური, დაფნის ფოთლები, მარილი და პილპილი დახლოებით 1 საათის განმავლობაში ან სანამ იხვის ხორცი არ გახდება რბილი. დაძაბულობა; გამოწურეთ ყველა ცხიმი და შეინახეთ მარაგის 3

მეოთხედით. საჭიროების შემთხვევაში, დაამატეთ ქათმის ან ძროხის ბულიონი, რომ მიიღოთ 3 ლიტრი ბულიონი. ამოიღეთ ხორცი კარკასიდან და ნაჭრებისგან; საწყობში დაბრუნება. მარაგი შეიძლება დამზადდეს გუმბოს დამზადებამდე ერთი დღით ადრე.

b) **Gumbo-სთვის:** დიდ ჰოლანდიურ ღუმელში მოამზადეთ მუქი ყავისფერი რუხი ფქვილით და ზეთით დაამატეთ ნიორი, ხახვი, ნიახური და მწვანე წიწაკა; შეწვით ბამია ბეკონის ზეთში, სანამ სიმკვრივე არ გაქრება, დაახლოებით 20 წუთი; გადადება. სუპის ქვაბში თბილი ბულიონი და ნელ-ნელა აურიეთ რუხი და ბოსტნეულის ნარევი. დაუმატეთ ბამია; ხარშეთ თავდახურული 1½ საათის განმავლობაში. დაამატეთ კრევეტები, ხამანწკები და მათი ლიქიორი და მოხარშეთ კიდევ 10 წუთი. შეურიეთ ოხრახუში და გადმოიღეთ ცეცხლიდან. შეასწორეთ სუნელი და მიირთვით ცხელ ფუმფულა ბრინჯზე.

11. ფვლო ბა ტი გუმბო

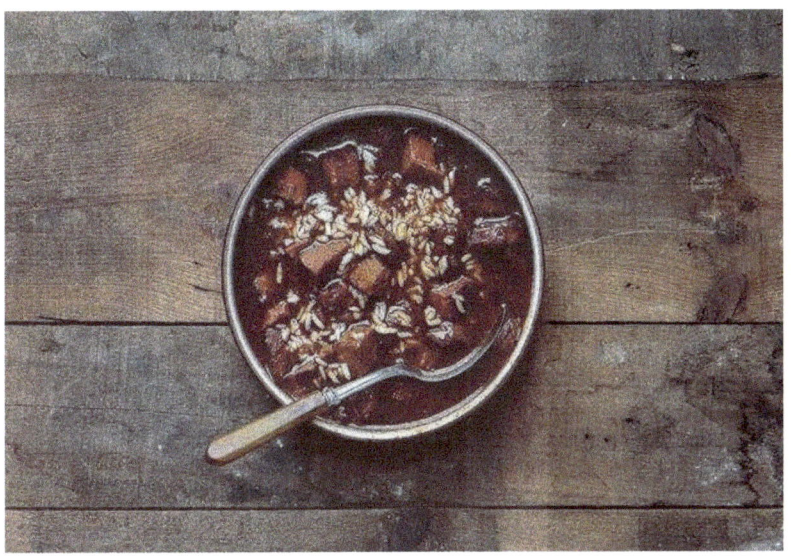

ინგრედიენტები:

- 4 მთლიანი თოვლის ბატი, ძვლიანი და ტყავი
- 1 მთლიანი ქათამი, დაჭრილი კუბიკებად
- 4 ლიტრი წყალი
- 28 უნცია ჩაშუშული პომიდორი, დაკონსერვებული
- 1 ფუნტი შებოლილი ძეხვი, დაჭრილი
- 1 ფუნტი ბამია, გაყინული, დაჭრილი
- 2 ჭიქა თეთრი ხახვი, დაჭრილი
- 2 ჭიქა მწვანე ბულგარული წიწაკა, დაჭრილი
- 1 ჭიქა ზეთი
- 3/4 ჭიქა ფქვილი
- 3 სუფრის კოვზი კრეოლური სუნელი
- 1 სუფრის კოვზი ტაბასკოს სოუსი
- 2 ჩაის კოვზი შავი პილპილი
- 1 ჩაის კოვზი Sassafras ფოთლები, წვრილად დაფქული

ინსტრუქციები:

a) დიდ ქვაბში დასხით მთელი ქათამი წყლით (დაახლოებით 4 ლიტრი). ადუღეთ სანამ ხორცი ძვლიდან არ ჩამოვარდება (დაახლოებით½ საათი).

b) ამოიღეთძვლები და კანი, დატოვეთქათმის ხორცი ბულიონში და შეინახეთ

c) დიდ რკინის ტაფაში შეურიეთ ზეთი და ფქვილი, მოხარშეთ საშუალო მაღალზე და განუწყვეტლივ ურიეთ სანამ არ დაიბრაწება. ეს არის ის, რასაც კაიუნები უწოდებენ რუქს და წარმოადგენს მათ მრავალი საკვების საფუძველს.

d) მას შემდეგ, რაც რუქი მზადდება, დაამატეთ ხახვი, მწვანე წიწაკა, ბატის ხორცი და შებოლილი ძეხვი. მოხარშეთ ეს ყველაფერი დაახლოებით 10 წუთის განმავლობაში. შემდეგ ყველაფერი დაამატეთქათმის ბულიონის დიდქვაბში.

e) შეაზავეთ კრეოლური სუნელით შავი პილპილით კაიენის წიწაკითდა ტაბასკოთი.

f) მორევისას მიიყვანეთ ადუღებამდე, შემდეგ ადუღეთ რამდენიმე საათის განმავლობაში.

g) დაამატეთ ჩაშუშული პომიდორი და ბამია. ადუღეთ 15 წუთის განმავლობაში. საჭიროების შემთხვევაში დაამატეთცოტა წყალი

(ძალიან სქელი არ მიყვარს) და ადუღეთსანამ მზადარ იქნება. ცოტაოდენი ადუღების შემდეგ გასინჯეთსითხე, რომ ნახოთმეტი სანელებელია საჭირო თუარა. თუკიდევ დაამატებთსანელებელს, ოდნავ ადუღეთ რომ გემოები შერეული იყოს.

h) ჭამამდე დახლოებით5 წუთითადრე დაუმატეთსასაფრას (გუმბო ფაილი) და კარგადმოურიეთ

i) ნარჩენი რუზი კარგად იყინება. წაიღეთ გაყინული პარტია იხვის ბანაკში, თუ დრო არ გაქვთ სამზარეულოსთვის. ასაკთან ერთადის უმჯობესდება (ასევე უფრო ცხარე)!

12. ქათმის ბამია გუმბო

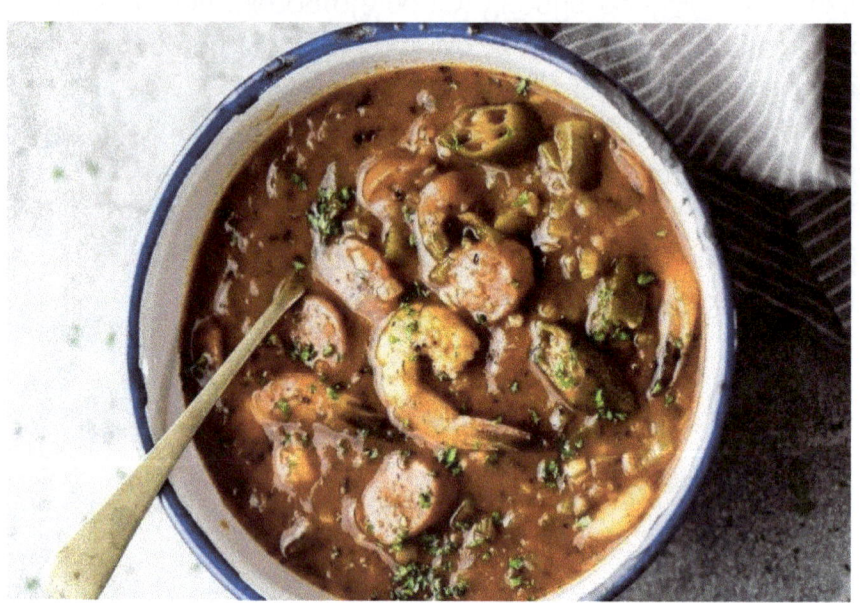

იღებს: 8-დან 10 ულუფამდე

ინგრედიენტები:

- 1¼ ჭიქა მცენარეული ზეთი, გაყოფილი
- 1 ფუნტი ქათმის თეძოები ძვლების გარეშე
- 2 ჩაის კოვზი სანელებელი მარილი, გაყოფილი
- 1½ ჩაის კოვზი დაფქული შავი პილპილი, გაყოფილი
- 1 ჩაის კოვზი ფრინველის სუნელი
- 1 ჩაის კოვზი ხახვის ფხვნილი
- 1 ჩაის კოვზი ნივრის ფხვნილი
- 2 ლიტრი ქათმის ბულიონი, გაყოფილი
- 1½ ჭიქა დაჭრილი ნიახური
- 2 დიდი მწვანე ბულგარული წიწაკა, დაჭრილი
- 1 დიდი ყვითელი ხახვი, დაჭრილი
- 2 ჩაის კოვზი დაფქული ნიორი
- ½ ჭიქა უნივერსალური ფქვილი
- 1 ფუნტი ანდუილი ძეხვი, დაჭრილი
- 1 (14 უნცია) ქილა დაჭრილი პომიდორი
- 3-დან 4 დაფნის ფოთოლი
- ½ ფუნტი ბამია, დაჭრილი
- 1 ჭიქა ხმელი კრევეტები
- 2 ფუნტი ალასკანის მეფე კიბორჩხალა
- 1 ფუნტი დიდი კრევეტები, გახეხილი და გახეხილი
- 2½ ჩაის კოვზი დაფქული გუმბოს ფილე
- დაჭრილი ახალი ოხრახუში, დეკორაციისთვის

ინსტრუქციები:

a) საშუალოტაფაზე დაასხით¼ ჭიქა მცენარეული ზეთი. როგორც კი ზეთი გაცხელდება, ქათმის ბარძაყები ტაფაში მოათავსეთ ქათამს შეაზავეთ 1 ჩაის კოვზი სანელებელი მარილი, ½ ჩაის კოვზი შავი პილპილი, ფრინველის სუნელი, ხახვის ფხვნილი და ნივრის ფხვნილი. შეწვითქათმის თითოეული მხარე, დაახლოებით5 წუთი თითოეულმხარეს, შემდეგ დაასხით½ ჭიქა ქათმის ბულიონი. დაფარეთ ტაფა და აცხვეთ ქათამი, სანამ ბოლომდე არ მოიხარშება, დაახლოებით15 წუთის განმავლობაში. მომზადების შემდეგ ამოიღეთქათამი ქვაბიდან და გადმოიტანეთ თეფშზე.

b) იმავე ტაფაში მოაყარეთ ნიახური, ბულგარული წიწაკა და ხახვი და მოშუშეთ 2 წუთის განმავლობაში. დაამატეთ ნიორი და მოხარშეთ სანამ ბოსტნეული ლამაზი და გამჭვირვალე გახდება, შემდეგ გამორთეთ ცეცხლი.
c) ღრმა ქვაბში საშუალო ცეცხლზე დასხით დარჩენილი 1 ჭიქა მცენარეული ზეთი. მას შემდეგ, რაც ზეთი გაცხელდება, დაიწყეთ ფქვილის ჩაყრა სულ ცოტათ. განუწყვეტლივ ურიეთ რომ არ გაჩნდეს სიმსივნე და მოხარშეთ მანამ, სანამ როუ არ გახდება არაქისის კარაქის-ყავისფერი ფერი, დაახლოებით 30 წუთის განმავლობაში.
d) მას შემდეგ, რაც როუ სასიამოვნო და ყავისფერი გახდება, ნელნელა ჩაასხით ქათმის დარჩენილი ბულიონი. დაამატეთ მოხარშული ბოსტნეული, ქათამი და მეხვი. ყველაფერი კარგად აურიეთ და მოაყარეთ დარჩენილი 1 ჩაის კოვზი მარილი და 1 ჩაის კოვზი შავი პილპილი. დაამატეთ პომიდორი და დაფნის ფოთოლი. აურიეთ დაფარეთ თავზე, შემდეგ მოხარშეთ დაახლოებით 20 წუთის განმავლობაში.
e) დაუმატეთ დაჭრილი ბამია და ხმელი კრევეტები. აურიეთ დაფარეთ და ადუღეთ კიდევ 20 წუთი.
f) ახლა დაამატეთ კრაბი. დარწმუნდით რომ კრაბი და სხვა ინგრედიენტები კარგად არის დაფარული ბულიონით მოხარშეთ კიდევ 20 წუთი, შემდეგ ჩაყარეთ უმი კრევეტები. აურიეთ ინგრედიენტები და შეამცირეთ სითბო დაბალზე.
g) ჩაასხით გუმბოს ფილე, აურიეთ და ადუღეთ 7 წუთის განმავლობაში. გამორთეთ სითბო და გააჩერეთ გუმბო რამდენიმე წუთის განმავლობაში. მორთეთ ოხრახუშით და მიირთვით ორთქლზე მოხარშული ბრინჯით ან სიმინდის პურით

13. <u>ძროხის გუმბო</u>

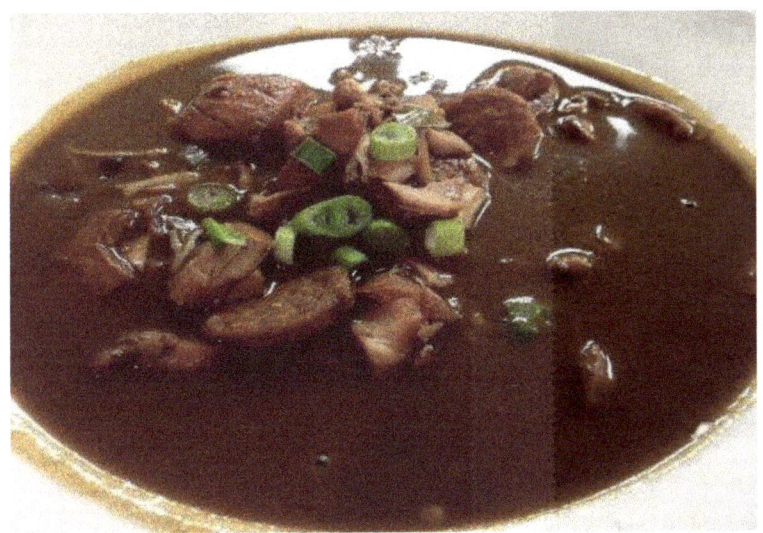

ქმნის: 6 პორცია

ინგრედიენტები:

- 2 ფუნტი საქონლის ხორცი, დაჭრილი ნაჭრებად
- 2 ჩაის კოვზი მარილი
- 2 ჩაის კოვზი დაფქული ხმელი კრევეტები
- 6 ჭიქა წყალი
- 2 ფუნტი ბამია, დაჭრილი
- 1 ჭიქა იამაიკის ყვავილები
- 1 ხახვი
- წიწაკა არარის დათესილი

ინსტრუქციები:

a) ქვაბში მოათავსეთ საქონლის ხორცი. დაამატეთ მარილი, ხმელი კრევეტები და მდუღარე წყალი. შეამცირეთ სითბო და ადუღეთ ¾ საათის განმავლობაში, საჭიროებისამებრ ადუღეთ დაუმატეთ ბამია და ადუღეთ სანამ თესლი არ გაწითლდება, დახლოებით1 საათი.

b) ხახვი და წიწაკა დაჭერითდა დაუმატეთ სწრაფდაურიეთ რომ შეიმუშაოთწებოვანი ტექსტურა.

c) ხარშეთ15 წუთის განმავლობაში.

14. კრევეტების გუმბო

ინგრედიენტები:

- 1 ფუნტი საშუალო კრევეტები გახეხილი
- ½ ფუნტი კანის გარეშე, ძვლების გარეშე ქათმის მკერდი
- ½ ჭიქა ქოქოსიზეთი
- 3/4 ჭიქა ნუშისფქვილი
- 2 ჭიქა დაჭრილი ხახვი
- 1 ჭიქა დაჭრილი ნიახური
- 1 ჭიქა დაჭრილი მწვანე წიწაკა
- 1 ჩაის კოვზი დაფქული კუმინი
- 1 სუფრის კოვზი დაფქული ახალი ნიორი
- 1 ჩაის კოვზი ახალი ხახვი დაჭრილი
- ½ ჩაის კოვზი წითელი წიწაკა
- 6 ჭიქა ქათმის ბულიონი
- 2 ჭიქა კუბიკებად დაჭრილი პომიდორი
- 3 ჭიქა დაჭრილი ბამია
- ½ ჭიქა დაჭრილი ახალი ოხრახუში
- 2 დაფნის ფოთოლი
- 1 ჩაის კოვზი ცხელი სოუსი

ინსტრუქციები:

a) დიდ ქვაბში შეწვით ქათამი მაღალ ცეცხლზე, სანამ არ დაიბრაწება. ამოიღეთ და დააყენეთ ხახვი, ნიახური და მწვანე წიწაკა და ჭერით და გააჩერეთ

b) ქვაბში მოაყარეთ ზეთი და ფქვილი. კარგად აურიეთ და მოყავისფრო, რომ რუხი გამოვიდეს. როდესაც რუხი მზად იქნება, დაამატეთ დაჭრილი ბოსტნეული. შეწვით დაბალ ცეცხლზე 10 წუთის განმავლობაში.

c) ნელნელა დაუმატეთ ქათმის ბულიონი განუწყვეტლივ ურიეთ

d) დაუმატეთ ქათამი და ყველა სხვა ინგრედიენტი, გარდა ბამიისა, კრევეტებისა და ოხრახუშისა, რომელიც ბოლომდე შეინახება.

e) დაფარეთ და გააჩერეთ დაბალ ცეცხლზე ნახევარი საათის განმავლობაში. ამოიღეთ სახურავი და მოხარშეთ კიდევ ნახევარი საათის განმავლობაში, დროდადრო აურიეთ

f) დაუმატეთ კრევეტები, ბამია და ოხრახუში. განაგრძეთ ხარშვა დაბალ ცეცხლზე თავდახურული 15 წუთის განმავლობაში.

15. ქათმის და კრევეტების გუმბო

იელდს: 4

ინგრედიენტები:

- 2 სუფრის კოვზი კანოლის ზეთი
- ¼ ჭიქა უნივერსალური ფქვილი
- 1 სამულახახვი, კუბებად დაჭრილი
- 1 მწვანე ბულგარული წიწაკა, თესლი და კუბებად დაჭრილი
- 2 ღერო ნიახური, კუბებად დაჭრილი
- 3 კბილი ნიორი, დაჭრილი
- 1 სუფრის კოვზი დაფქული ახალი thyme
- ¼ დან ½ ჩაის კოვზი კაიენის წიწაკა
- ½ ჭიქა მშრალი თეთრი ღვინო
- 1 (14 უნცია) კუბიკებად დაჭრილი პომიდორი მარილის გარეშე
- 2 ჭიქა წყალი
- 1 (10 უნცია) პაკეტი გაყინული დაჭრილი ბამია
- 4 უნცია შებოლილი ანდუილ ძეხვი, კუბებად დაჭრილი
- 1 ფუნტი სამულოკრევეტები, გახეხილი და გახეხილი
- 1½ ფუნტი მოხარშული ქათმის მკერდი, კუბებად დაჭრილი

ინსტრუქციები:

a) გააცხელეთ ზეთი დიდ ქვაბში ან ჰოლანდიურ ღუმელში საშუალო და მაღალ ცეცხლზე. დაუმატეთ ფქვილი და მოხარშეთ, მუდმივად ურიეთ

b) დაუმატეთ ხახვი, ბულგარული წიწაკა, ნიახური და ნიორი და მოშუშეთ, დროდადრო ურიეთ, სანამ ხახვი რბილი გახდება, დაახლოებით 5 წუთის განმავლობაში.

c) დაუმატეთ ხახვი და კაიენი და მოხარშეთ კიდევ 1 წუთი. შეურიეთ ღვინო და მიიყვანეთ ადუღებამდე, დროდადრო აურიეთ

d) დაუმატეთ პომიდორი წვენთან, წყალთან და ბამიასთან ერთად და ადუღეთ თავდახურული დაახლოებით 15 წუთის განმავლობაში. დაუმატეთ სოსისი და კრევეტები და ადუღეთ კიდევ 5 წუთი.

e) შეურიეთ მოხარშული ქათამი და განაგრძეთ ხარშვა, დროდადრო ურიეთ, სანამ ქათამი არ გაცხელდება და კრევეტები გაუმჭვირვალე გახდება.

16. მომენტალური ქოთნის ლობიოდ სოუს გუმბო

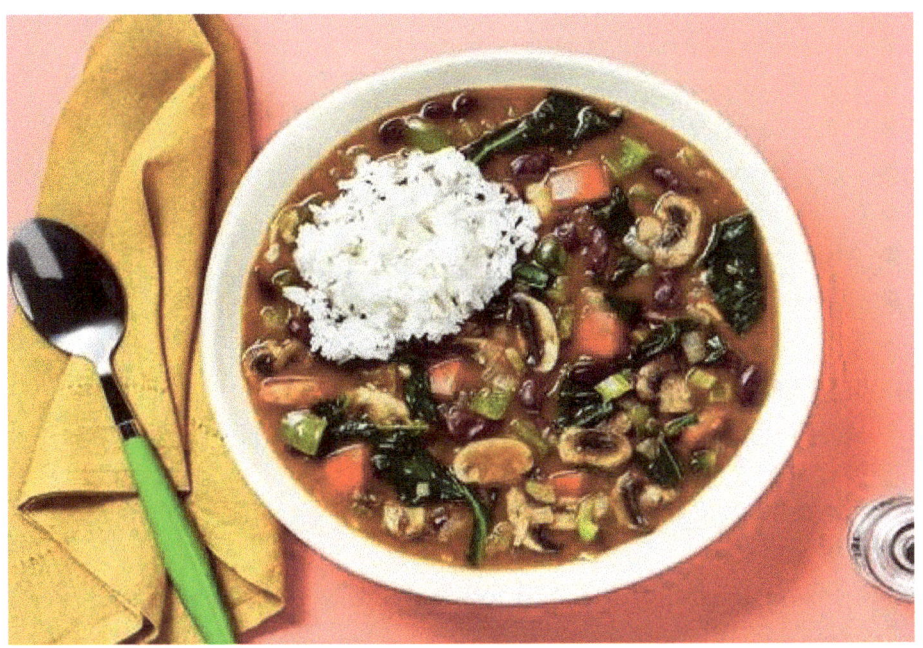

იღებს: 4

ინგრედიენტები:

- 3 კბილი ნიორი, დაჭრილი
- 1 ჭიქა სოკო, დაჭრილი
- 1 ჭიქა ლობიო, გაჟღენთილი ღამით
- 1 ბულგარული წიწაკა, დაჭრილი
- 2 სუფრის კოვზი თამარის სოუსი
- 2 საშუალო ზომის ყაბაყი, დაჭრილი
- 2 ჭიქა ბოსტნეულის ბულიონი

ინსტრუქციები:

a) დაუმატეთ ყველა ინგრედიენტი მყისიერ ქვაბში და კარგად აურიეთ

b) დახურეთ ქვაბს თავსახური და ადუღეთ მაღალზე 8 წუთის განმავლობაში,

c) მიეცით საშუალება ბუნებრივად გაათავისუფლოს წნევა 10 წუთის განმავლობაში, შემდეგ გაათავისუფლეთ სწრაფი განთავისუფლების მეთოდით

d) კარგად მოურიეთ და მიირთვით

17. Gumbo Z'Herbes

აკეთებს 6 პორციას

- 1/4 ჭიქა ზეითუნის ზეთი
- 1 საშუალოხახვი, დაჭრილ
- 1 საშუალომწვანე ბულგარული წიწაკა, დაჭრილ
- 1 ნიახურს ნეკნი, დაჭრილ
- 3 კბილ ნიორი, დაჭრილ
- 1/4 ჭიქა უნივერსალური ფქვილი
- 1 (14,5 უნცია) ქილ დაჭრილ პომიდორი, გაწურული
- 1 ჩაის კოვზი ხმელ მარჯორამი
- 1/4 ჩაის კოვზი დაფქულ კაიენი
- 7 ჭიქა ბოსტნეულს ბულიონი
- 4 ჭიქა წვრილდდაჭრილ ახალდ ისპანახი
- 4 ჭიქა დაჭრილ ლერს კომბოსტო
- 2 საშუალ მტევანი წყალდცენარე, ამოღებული მკაცრი ლეროები, დაჭრილ
- 1 საშუალკონა ვარდაჯაჯა
- მარილ და ახლადდაფქულ შავი პილპილ
- 11/2 ჭიქა მოხარშულ ან 1 (15,5 უნცია) ქილ მუქი წითელ ლობიო, გამოწურულ და გარეცხილ
- 1 ჩაის კოვზი ტაბასკოს სოუსი, ან გემოვნებით
- 1/2 ჩაის კოვზი გუმბოფილეს ფხვნილ (სურვილისამებრ)
- 3 ჭიქა ცხელ მოხარშულ გრძელდარკვლღ ანი თეთრ ბრინჯი

a) დდ წვნიან ქვაბში გააცხელეთ ზეთ საშუალ ცეცხლზე. დაუმატეთ ხახვი, ბულგარული წიწაკა, ნიახური და ნიორი. დააფარეთ და ადუღეთ სანამ არ დოხიდება, დახლებით 10 წუთ.

b) აურეთფქვილ და მოხარშეთ მუდმივადაურეთ სანამ ფქვილ არ გამოუქდება მოყავისფრო ფერმდე, დახლებით 10 წუთს განმავლოხაში. შეურეთ პომიდორი, მარჯორმი, კაიენი და ბულიონ და მიიყვანეთადღებამდ.

c) დაამტეთ ისპანახი, კომბოსტო ხახვი და ვარდაჯაჯა. შეამცირეთ სითხო მინიმუმსამდ, მოხყარეთ მარილ და შავი პილპილ გემოყნებით და მოხარშეთ დროდდრო აურეთ სანამ

48

ბოსტნეული არ გახდება რბილი, დაახლოებით 20 წუთის განმავლობაში.

d) დაუმატეთლობიო, ოხრახუში და ტაბასკოდა მოხარშეთკიდევ 10 წუთი.

e) სურვილისამებრ შეურიეთ ფილეს ფხვნილი და გადმოიღეთ ცეცხლიდან.

f) კოვზითჩაასხით 1/2 ჭიქა ბრინჯი თითოეულარაღრმა წვნიან თასში, მოაყარეთბრინჯს გუმბოდა მიირთვით

18. ყურის სანაპიროგუმბო

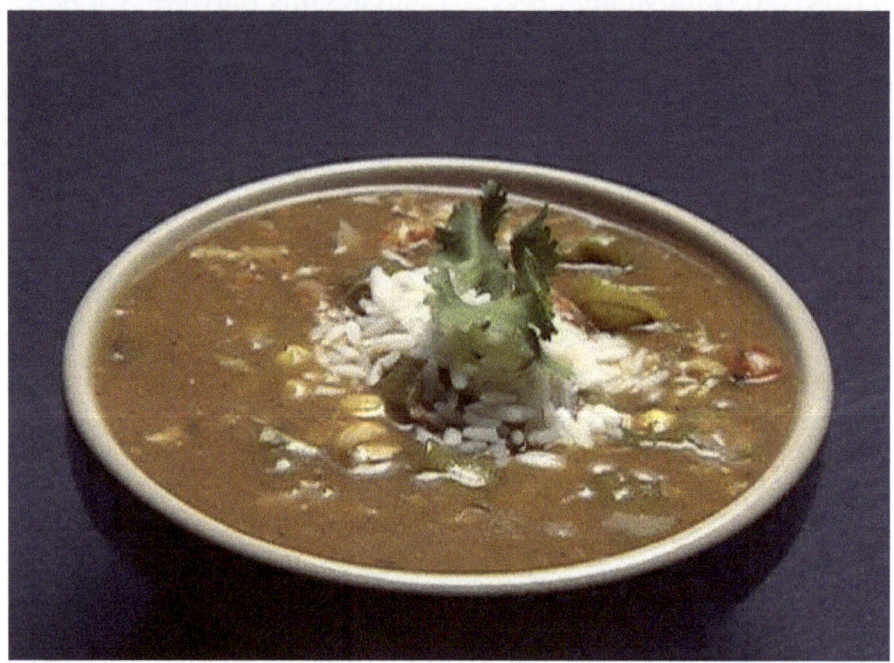

იღებს 8 ულუფას

ინგრედიენტები:

- 1 ჭიქა მცენარეული ზეთი
- 1 ½ ჭიქა უნივერსალური ფქვილი
- 2 ½ ჭიქა დაჭრილი ხახვი
- 1 ½ ჭიქა დაჭრილი ნიახური
- 1 ½ ჭიქა დაჭრილი მწვანე ბულგარული წიწაკა
- 3 სუფრის კოვზი დაჭრილი ნიორი
- 1 ჩაის კოვზი Emeril's Original Essence ან სხვა კრეოლური სუნელი
- 1 ½ ჩაის კოვზი მარილი
- 1 ჩაის კოვზი ახლადდაფქული შავი პილპილი
- ½ ჩაის კოვზი კაიენის წიწაკა
- 2 დაფნის ფოთოლი
- 1 ჩაის კოვზი ხმელი თამი
- 1 ჩაის კოვზი ხმელი ორეგანო
- 1 ფუნტი შებოლილი ძეხვი, დაჭრილი ½ ინჩის სისქის მრგვალებად
- 1 ფუნტი გუმბოკიბორჩხალა, განახევრებული
- 10 ჭიქა კრევეტების ბულიონი ან წყალი
- 1 ფუნტი მოხარშული ლურჯთანას კრაბის კუბები, ნებისმიერი ცხიმით
- 1 ფუნტი გახეხილი და გაჩეჩილი ყურის კრევეტები
- ½ ჭიქა დაჭრილი მწვანე ხახვი, პლუს მეტი მირთმევისთვის
- 1/4 ჭიქა დაჭრილი ახალი ოხრახუშის ფოთლები, პლუს მეტი მირთმევისთვის
- ორთქლზე მოხარშული თეთრი ბრინჯი, მირთმევისთვის

ინსტრუქციები:

a) გააცხელეთ დიდი ჰოლანდიური ღუმელი ან მძიმე ფსკერი წვნიანი ქვაბი მაღალ ცეცხლზე 1 წუთის განმავლობაში. ფრთხილად დაუმატეთ ზეთი და შემდეგ ათქვიფეთ ფქვილი. შეამცირეთ სითბო საშუალოზე მაღალზე და მუდმივად აურიეთ ფქვილი, გაფცქვენით ტაფის ძირის ყოველი ნაწილი, სანამ რუი თანაბრად არ გახდება ყავისფერი და მუქი არაქისის კარაქის

ფერი, დახლოებით 15 წუთის განმავლობაში. თუ ფქვილი ძალიან სწრაფად იწყებს შეღებვას, შეამცირეთ სითბო საშუალოზე. მნიშვნელოვანია უყუროთ როუს და ფრთხილად მოხარშოთ რათა არ დაიწვას. სასურველ ფერს რომ მიიღებთ დაუმატეთ ხახვი, ნიახური, ბულგარული წიწაკა, ნიორი, ესენცია, მარილი, პილპილი, კაიენი, დაფნის ფოთოლი, ხახვი, ორეგანო და სოსისი. განაგრძეთ ხარშვა 5-7 წუთის განმავლობაში ან სანამ ბოსტნეული არ დარბილდება.

b) ჰოლანდიურ ღუმელში ჩაასხით კიბორჩხალები და ბულიონი და მიიყვანეთ ადუღებამდე. დაუწიეთ ცეცხლს ნელ ცეცხლზე და ადუღეთ სანამ გემოები არ გაერთიანდება და სოუსი არ გახდება ხავერდოვანი და გლუვი, დახლოებით 2 საათის განმავლობაში, დაამატეთ დამატებითი ბულიონი ან წყალი, თუ რეზინა ძალიან სქელი გახდება მომზადების დროს. გუმბოს სისქე პირადი გემოვნების საკითხია. ზოგს მოსწონს ძალიან სქელი გუმბო, ზოგი კი უპირატესობას ანიჭებს თხელ ბულიონს. დაამატეთ სითხის რაოდენობა თქვენი სურვილის მიხედვით

c) როდესაც გუმბო არომატული და სწორი სისქის იქნება, აურიეთ კრაბი და კრევეტები და მოხარშეთ სანამ კრევეტები არ მოიხარშება, 2-3 წუთით მეტი. შეურიეთ მწვანე ხახვი და ოხრახუში. გასინჯეთ და საჭიროების შემთხვევაში დაარეგულირეთ სუნელი.

d) მიირთვით გუმბო ორთქლზე მოხარშული ბრინჯის თასებზე დამატებით დაჭრილი ოხრახუშით და მწვანე ხახვით სურვილისამებრ

19. ქათმი, კრევეტები და ტასოგუმბო

იღებს 6-8 პორციას

ინგრედიენტები:

- 4 ქათმის თეძო, 2 ინჩის ნაჭრებად დაჭრილი კანით
- 2 ჩაის კოვზი კოშერის მარილი
- ½ ჩაის კოვზი პაპრიკა
- ½ ჩაის კოვზი ახლად დაფქული შავი პილპილი
- 1 ½ ჭიქა მცენარეული ზეთი
- 2 1/4 ჭიქა უნივერსალური ფქვილი, გაყოფილი
- 1 ფუნტი კუბებად დაჭრილი ტასო
- 1 საშუალო ხახვი, პატარა კუბებად დაჭრილი
- 2 პობლანოწიწაკა, პატარა კუბებად დაჭრილი
- 1 პატარა ხალაპენო, პატარა კუბებად დაჭრილი
- 3 ცალი ნიახურის ღერო, კუბებად დაჭრილი
- 4 კბილი ნიორი, დაჭრილი
- 2–3 ჩაის კოვზი კოშერის მარილი (დაამატეთ 2, დააგემოვნეთ და საჭიროების შემთხვევაში დაამატეთ მეორე)
- 1 ½ ჩაის კოვზი ახლად დაფქული შავი პილპილი
- 1 ჩაის კოვზი კაიენის წიწაკა
- 1 ჩაის კოვზი პაპრიკა
- 1 ჩაის კოვზი ხმელი თამი
- 1 ჩაის კოვზი ფილეს ფხვნილი
- 6 დაფნის ფოთოლი
- 1 გალონი ქათმის ბულიონი (ან ნახევარი კრევეტის ბულიონი და ნახევარი ქათმის ბულიონი)
- 1 ფუნტი გაწმენდილი ლუიზიანას კრევეტები
- ქათამს მოაყარეთ მარილი, პაპრიკა და პილპილი.

ინსტრუქციები:

a) გააცხელეთ ზეთი 2 ლიტრიან მძიმე ძირიან ქვაბში საშუალოდ მაღალ ცეცხლზე; ზეთი ნაზად უნდა იწურის, როცა მზად იქნება.

b) ქათმის ნაწილს ½ ჭიქა ფქვილი მოაყარეთ და ორივე მხრიდან შეწვით ზეთში, სანამ ღია ოქროსფერი არ გახდება, შემდეგ გადაიტანეთ ქაღალდის პირსახოცზე. ამ დროს არ არის საჭირო მისი მოხარშვა. დარჩენილ ფქვილს დაამატეთ ზედმეტი ფქვილი ქათმის სუნელიდან და დაუმატეთ ზეთში. ურიეთ საშუალო ცეცხლზე

დაახლოებით40 წუთის განმავლობაში, ან სანამ რუქი არ გახდება ღრმა მოწითალო-ყავისფერი, მაგრამ არც ისე მუქი.

c) მას შემდეგ, რაც რუქი სწორ ფერს მიიღებს, დაუმატეთ ტასო, ბოსტნეული და ყველა სანელებლები (დავურიოთ ცოტა მარილი, რადგან ზოგიერთი ტასო სხვაზე ცხარეა) და ადუღეთ დაახლოებით4 წუთის განმავლობაში.

d) ათქვიფეთ ბულიონი და მიიყვანეთ ადუღებამდე, აუცილებლად მოურიეთ ქოთნის ძირი, რადგან ღუმელი ადუღდება, რომ არ დარჩეს. ადუღეთ დაახლოებით30 წუთის განმავლობაში, სანამ ზედაპირზე ამოსული ცხიმი აურიეთ

e) ამ დროს დაამატეთ მოხარშული ქათამი და კრევეტები და ადუღეთ კიდევ 45 წუთი, ზემოდან ამოწურული ცხიმი მაინც გამოაცალეთ

f) მიირთვით დაუყოვნებლივ ან მეორე დღეს ორთქლზე მოხარშული ბრინჯით და ნაღების კარტოფილის სალათის გვერდით შეფ ლინკი ამბობს: „მე მიყვარს ჩემი კარტოფილის სალათის ღუმელში ჩაძირვა“.

20. კრეოლური გუმბო

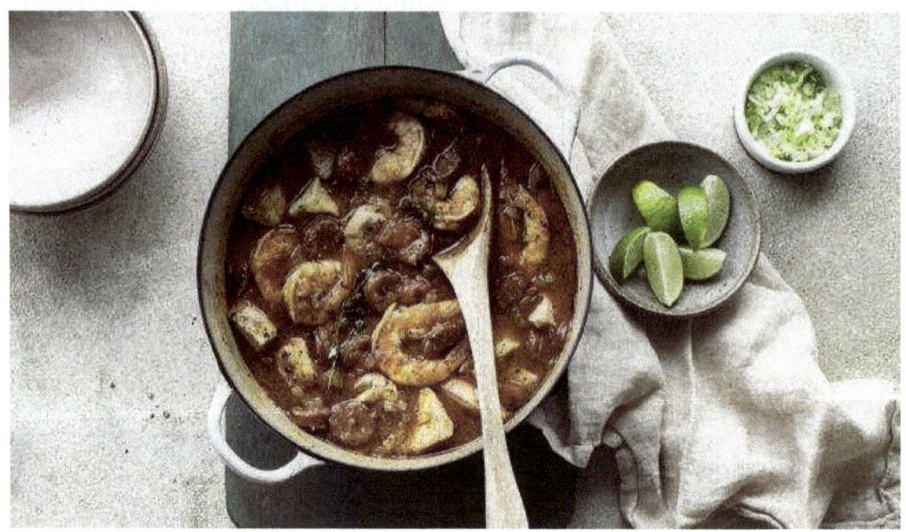

იღებს 8-10 პორციას

ინგრედიენტები:
- ½ ფუნტი შაურიკი, დაჭრილი ნაჭრების ზომის ნაჭრებად
- ½ ფუნტი შებოლილი ძეხვი, დაჭრილი ნაჭრებად
- ½ ფუნტი ძროხის ჩაშუშული ხორცი
- ½ ფუნტი ქათმის ბუჩქები, დაჭრილი
- 1 ფუნტი გუმბო კიბორჩხალი
- ½ ჭიქა მცენარეული ზეთი
- ½ ჭიქა უნივერსალური ფქვილი
- 2 დიდი ხახვი, დაჭრილი
- 3 ლიტრი წყალი, ან მეტი სურვილისამებრ
- 8 ქათმის ფრთა, მოჭრილი სახსრებზე და ამოღებული წვერები
- ½ ფუნტი შებოლილი ლორი, დაჭრილი ½ ინჩის ნაჭრებად
- 1 სუფრის კოვზი პაპრიკა
- 1 ჩაის კოვზი ხმელი თამი
- 1 ჩაის კოვზი მარილი
- 3 კბილი ნიორი, დაჭრილი
- 1 ფუნტი საშუალო ზომის კრევეტები, გახეხილი და გახეხილი
- 2 ათეული შეკრული ხამანწკა თავისი ალვოჰოლით
- 1/4 ჭიქა დაჭრილი ახალი ბრტყელფოთლიანი ოხრახუში
- 1 სუფრის კოვზი ფილეს ფხვნილი
- მოხარშული გრძელმარცვლოვანი თეთრი ბრინჯი, სერვირებისთვის

ინსტრუქციები:

a) დიდ მძიმე ქვაბში მოათავსეთ ძეხვეული, საქონლის ხორცი, ბუჩქები და კიბო. დაფარეთ სახურავი და მოხარშეთ საშუალო ცეცხლზე 30 წუთის განმავლობაში, დროდადრო აურიეთ ზედმეტი ცხიმი არ დაგჭირდებათ რადგან ხორცი საკმარისად გამოიღება მისამზადებლად

b) სანამ ხორცი მზადდება, მოამზადეთ რუხი: ტაფაში გააცხელეთ ზეთი, დაუმატეთ ფქვილი და გამუდმებით ურიეთ საშუალო ცეცხლზე, სანამ რუხი გლუვი და მუქი-ყავისფერი არ გახდება. დაუმატეთ ხახვი და მოხარშეთ დაბალ ცეცხლზე დარბილებამდე. ტაფის შიგთავსი ჩაასხით ქვაბში, სადაც ხორცი ინახება, კარგად აურიეთ ნელ-ნელა აურიეთ წყალში და მიიყვანეთ ადუღებამდე.

დაუმატეთ ქათმის ფრთები, ლორი, პაპრიკა, ხახვი, მარილი და ნიორი, ნაზად მოურიეთ დაუწიეთ ცეცხლს; დაფარეთ და ხარშეთ 45 წუთის განმავლობაში. თუ უფრო თხელი გუმბო გირჩევნიათ ახლავე დაამატეთ მეტი წყალი.

c) დაამატეთ კრევეტები და ხამანწკები და მოხარშეთ კიდევ რამდენიმე წუთი - დააკვირდით რომ კრევეტები მხოლოდ ვარდისფერი გახდება და ხამანწკები დახვეულები - უფრო მეტიც და ისინი გახდებიან ხისტი. გადმოდგით ქვაბი ცეცხლიდან, შეურიეთ ოხრახუში და ფილეს ფხვნილი და მიირთვით თასებში ცხელ ბრინჯზე.

21. კრეოლური ზღვის პროდუქტები გუმბო

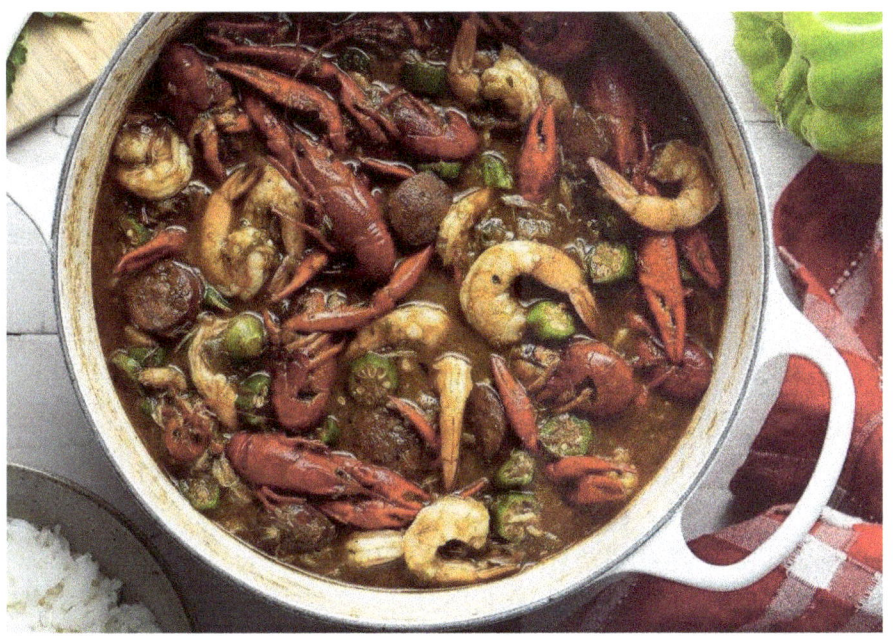

იღებს 6-8 პორციას

ინგრედიენტები:

● 6 საშუალო ცისფერი კიბორჩხალა ან გაყინული გუმბო კიბორჩხალა, გალღობილი

● 2 ½ ფუნტი კრევეტები ნაჭუჭებში თავებით

● 2 ათეული საშუალო და მსხვილი ხამანწკიანი ხამანწკები თავისი ლიქიორით

● 1 ჭიქა პლუს 1 სუფრის კოვზი კანოლა ან სხვა მცენარეული ზეთი, გაყოფილი

● 2 ჭიქა დაჭრილი ბამია, ახალი ან გაყინული და გაყინული

● 1 ჭიქა უნივერსალური ფქვილი

● 1 დიდი ხახვი, დაჭრილი

● 1 კონა მწვანე ხახვი, დაჭრილი, თეთრი და მწვანე ნაწილები გამოყოფილი

● 1 მწვანე ბულგარული წიწაკა, დაჭრილი

● 2 ცალი ნიახურის ღერო, დაჭრილი

● 4 დიდი კბილი ნიორი, დაჭრილი

● 2 დიდი ახალი პომიდორი სეზონზე, გახეხილი და დაჭრილი, ან 1 (16 უნცია) დაკონსერვებული პომიდორი წვენთან ერთად

● 3 დაფნის ფოთოლი

● 1 ჩაის კოვზი იტალიური სუნელი

● მარილი, ახლად დაფქული შავი პილპილი და კრეოლური სუნელი გემოვნებით

● 1/4 ჭიქა დაფქული ბრტყელფოთლიანი ოხრახუში

● მოხარშული გრძელმარცვლოვანი თეთრი ბრინჯი, სერვირებისთვის

ინსტრუქციები:

a) მოამზადეთ კიბორჩხალები.

b) კრევეტებს ამოიღეთ თავი, გააცალეთ კანი და გახეხეთ თავები და ნაჭუჭები მოათავსეთ საშუალო ზომის ქვაბში. დაამატეთ იმდენი წყალი, რომ ჭურვი მინიმუმ 2 სანტიმეტრით დაიფაროს და მიიყვანეთ ადუღებამდე. დაფარეთ სახურავი, შეამცირეთ ცეცხლი დაბალ ცეცხლზე და ხარშეთ30 წუთის განმავლობაში. როცა ოდნავ გაცივდება, გადაწურეთ ბულიონი დიდ საზომ თასში და გადააგდეთ ნაჭუჭები.

c) ხამანწკები გადაწურეთ და კრევეტების ნახარშს დაუმატეთ ლიქიორი. დაამატეთ იმდენი წყალი, რომ მიიღოთ7 ან 8 ჭიქა სითხე ამ ეტაპზე (დამოკიდებულია იმაზე, თუ რამდენად სქელი მოგწონთ თქვენი ლუმელი). შეამოწმეთoysters ჭურვის ფრაგმენტები.

d) გააცხელეთ 1 სუფრის კოვზი ზეთი ფართო ტაფაში (არა წებოვანი) და დაუმატეთ ბამია. შეწვით საშუალო ცეცხლზე, დროდადრო ურიეთ სანამ წებოვნება არ გაქრება, დახლოებით15 წუთის განმავლობაში. გადმოიღეთ ცეცხლიდან.

e) დარჩენილი ზეთი გააცხელეთ დიდ მძიმე ქვაბში მაღალ ცეცხლზე; დაუმატეთ ფქვილი და განუწყვეტლივ ურიეთ სანამ რუხი არ დაიწყებს შეწითლებას. შეამცირეთ ცეცხლი საშუალოზე ან საშუალოზე და მოხარშეთ მუდმივად აურიეთ სანამ რუხი მუქი შოკოლადის ფერი არ გახდება.

f) დაუმატეთ ხახვი, მწვანე ხახვის თეთრი ნაწილები, ბულგარული წიწაკა და ნიახური და მოშუშეთ ურიეთ გამჭვირვალემდე. დაამატეთ ნიორი და მოშუშეთ კიდევ ერთი წუთი. დაამატეთ პომიდორი და ხამანწკის ლიქიორი, კრევეტების ბულიონი და წყლის კომბინაცია, სანამ ოდნავ შესქელდება და გლუვი კონსისტენცია არ მიიღწევა.

g) დაუმატეთ ბამია, კიბორჩხალა, დაფნის ფოთოლი და იტალიური სუნელი და მოაყარეთ მარილი, პილპილი და კრეოლური სუნელი; დაფარეთ და ადუღეთ40 წუთის განმავლობაში.

h) დაუმატეთ კრევეტები და ადუღეთ კიდევ 5 წუთი. დაუმატეთ ხამანწკები და ადუღეთ სანამ დახვეულდება, დახლოებით 3 წუთი.

i) გამორთეთ ცეცხლი, ამოიღეთ დაფნის ფოთოლი და აურიეთ მწვანე ხახვის ზემოდან და ოხრახუშის უმეტესი ნაწილი, დატოვეთ ცოტა

დეკორაციისთვის. მიირთვით თასებში ბრინჯზე. თითოეულ თასში დაამატეთ კრაბის ნაჭრები და მოაყარეთ ხახვის ზემოდან და ოხრახუშით შესთავაზეთ კრაბის ან თხილის კრეკერი ფეხებისთვის.

22. ქათამი და ანდუი გუმბო

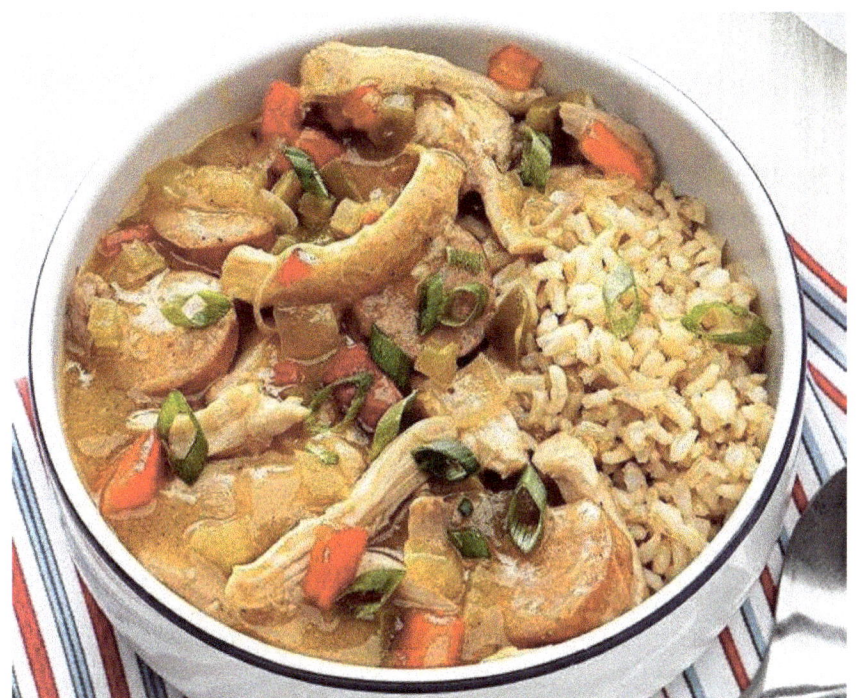

ილებს 6-8 პორციას

ინგრედიენტები:

- 2 ფუნტი ქათმის თეძოები, ნაჭრებად დაჭრილი, ან 1 მთლიანი ქათამი, ნაჭრებად დაჭრილი
- 1 ფუნტი ანდუილი ძეხვი, დაჭრილი ნაჭრებად
- 2 სუფრის კოვზი პლუს ½ ჭიქა მცენარეული ზეთი, გაყოფილი
- 3/4 ჭიქა უნივერსალური ფქვილი
- 1 დიდი ხახვი, დაჭრილი
- 1 კონა მწვანე ხახვი, დაჭრილი, თეთრი და მწვანე ნაწილები გამოყოფილი
- 1 მწვანე ბულგარული წიწაკა, დაჭრილი
- 2 ცალი ნიახურის ღერო, დაჭრილი
- 4 კბილი ნიორი, დაჭრილი
- 6 ჭიქა ქათმის ბულიონი
- 2 დაფნის ფოთოლი
- 1 ჩაის კოვზი კრეოლური სუნელი
- მარილი და ახლადდაფქული შავი პილპილი გემოვნებით

1/3 ჭიქა დაჭრილი ბრტყელფოთლიანი ოხრახუში

ინსტრუქციები:

a) მოხარშული გრძელმარცვლოვანი თეთრი ბრინჯი, სერვირებისთვის

b) დიდ მძიმე ქვაბში შეწვით ქათამი და ანდუილი 2 სუფრის კოვზ ზეთში. ამოიღეთ ხორცი ქვაბიდან და გადადეთ

c) ქვაბს დაუმატეთ დარჩენილი ზეთი და ფქვილი და მუდმივად ურიეთ მაღალ ცეცხლზე, სანამ რუხი არ დაიწყებს შეწითლებას. შეამცირეთ ცეცხლი საშუალოზე ან საშუალოზე და მოხარშეთ მუდმივად აურიეთ სანამ რუხი მუქი შოკოლადის ფერი არ გახდება.

d) დაუმატეთ ხახვი, მწვანე ხახვის თეთრი ნაწილები, ბულგარული წიწაკა, ნიახური და ნიორი და მოშუშეთ დაბალ ცეცხლზე დაახლოებით 5 წუთის განმავლობაში. თანდათან აურიეთ ქათმის ბულიონი. დაუმატეთ დაფნის ფოთლები და კრეოლური სუნელი და მოაყარეთ მარილი და პილპილი; დაფარეთ და ადუღეთ დაახლოებით 45 წუთიდან 1 საათამდე.

e) დაუმატეთ მწვანე ხახვის ზედა ნაწილი და ოხრახუში და მოაცილეთ დაფნის ფოთლები. მიირთვით თასებში ბრინჯის თავზე ცხარე სოუსით და ცხელი ფრანგული პურით

23. კრევეტები და ოკრა გუმბო

იღებს 8 ულუფას

ინგრედიენტები:

- 3 ფუნტი წვრილსაშუალო კრევეტები ნაჭუჭებში თავებითან 1 ½ ფუნტი გახეხილი და გახეხილი გაყინული კრევეტები, გალღობილი
- 1 ფუნტი ახალი ბამია, დაჭრილი 1/4 ინჩის ნაჭრებად ან გაყინული დაჭრილი ბამია, გალღობილი
- 1 სუფრის კოვზი პლუს ½ ჭიქა მცენარეული ზეთი, გაყოფილი
- ½ ჭიქა უნივერსალური ფქვილი
- 1 დიდი ხახვი, დაჭრილი
- 1 კონა მწვანე ხახვი, დაჭრილი, თეთრი და მწვანე ნაწილები გამოყოფილი
- 1 მწვანე ბულგარული წიწაკა, დაჭრილი
- 2 ცალი ნიახურის ღერო, დაჭრილი
- 3 დიდი კბილი ნიორი, დაჭრილი
- 1 (14,5 უნცია) ქილა დაჭრილი პომიდორი
- 2 ლიტრი კრევეტების ბულიონი ან წყალი
- 1 ½ ჩაის კოვზი კრეოლური სუნელი
- 2 დაფნის ფოთოლი
- ½ ჩაის კოვზი ხმელი თამი
- 1/4 ჭიქა დაჭრილი ბრტყელფოთლიანი ოხრახუში
- მოხარშული გრძელმარცვლოვანი თეთრი ბრინჯი, სერვირებისთვის
- ფრანგული პური

ინსტრუქციები:

a) თუ იყენებთ ახალ კრევეტებს, მოაცალეთ თავი, გააცალეთ კანი და ამოიღეთ ისინი, მოათავსეთ ნაჭუჭები და თავები საშუალო ზომის ქვაბში. დაამატეთ იმდენი წყალი, რომ ჭურვი მინიმუმ 2 სანტიმეტრით დაიფაროს და მიიყვანეთ ადუღებამდე. დააფარეთ სახურავი, შეამცირეთ ცეცხლი დაბალ ცეცხლზე და ხარშეთ 30 წუთის განმავლობაში. როცა ოდნავ გაცივდება, გადაწურეთ ბულიონი დიდ საზომ თასში და გადააგდეთ ნაჭუჭები.

b) თუ იყენებთ ახალ ბამიას, გააცხელეთ 1 სუფრის კოვზი ზეთი საშუალო და დიდ ტაფაზე. საშუალო ცეცხლზე მოხარშეთ ბამია, დროდადრო ურიეთ სანამ ძაფები არ გაქრება. დააყენეთ განზე.

c) დარჩენილი ზეთი გააცხელეთ დიდ მძიმე ქვაბში მაღალ ცეცხლზე. დაუმატეთ ფქვილი და განუწყვეტლივ ურიეთ სანამ რუხი არ დაიწყებს შეწითლებას. შეამცირეთ ცეცხლი საშუალოზე და მოხარშეთ მუდმივად ურიეთ სანამ რუხი რძის შოკოლადის ფერი არ გახდება. დაუმატეთ ხახვი და მწვანე ხახვის თეთრი ნაწილები და მოშუშეთ ურიეთ სანამ ხახვი არ დაიწყებს კარამელიზაციას. დაუმატეთ ბულგარული წიწაკა და ნიახური და მოხარშეთ სანამ არ გაშრება. დაამატეთ ნიორი და მოშუშეთ კიდევ ერთი წუთი.

d) დაამატეთ პომიდორი და თანდათან აურიეთ ბულიონი ან წყალი. დაუმატეთ ყველა სანელებელი ოხრახუშის გარდა, შეამცირეთ ცეცხლი დაბალ ცეცხლზე, დააფარეთ და ადუღეთ 30 წუთის განმავლობაში. დაუმატეთ კრევეტები და ადუღეთ სანამ კრევეტები ვარდისფერი არ გახდება, დაახლოებით 10 წუთი. გადმოდგით ცეცხლიდან და დაუმატეთ მწვანე ხახვის ზემოდან და ოხრახუში და ამოიღეთ დაფნის ფოთლები.

e) მიირთვით თასებში ცხელ ბრინჯზე ცხელ ფრანგულ პურთან ერთად

24. სუპერგუმბო

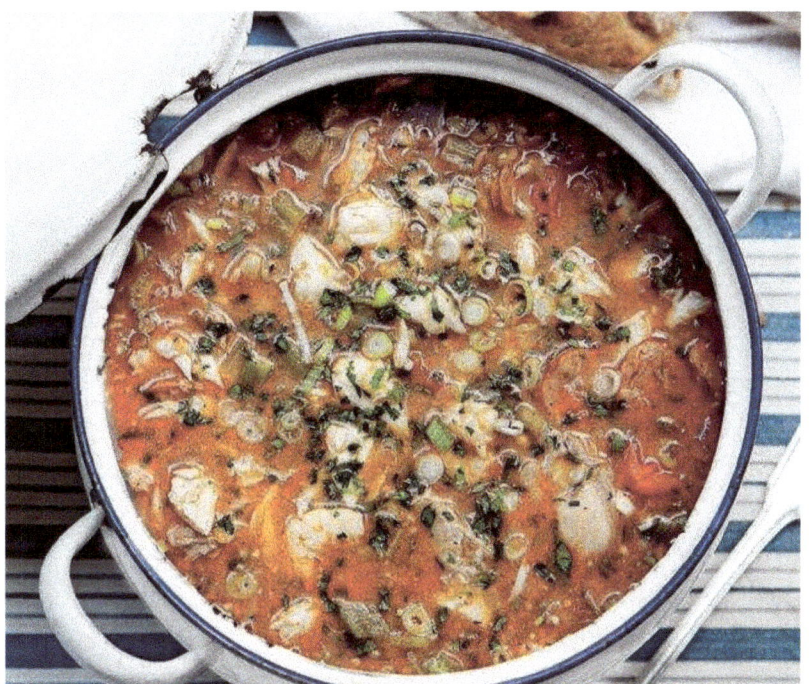

იღებს 10-12 პორციას

ინგრედიენტები:

- 2 ფუნტი კრევეტები ნაჭუჭებში თავებით
- 1 ფუნტი ახალი ან გაყინული რუხონის კიბორჩხალი, გაყინული თუგაყინული
- 6 ცალი ქათამი (როგორიცაა ფეხები და ბარძაყები)
- მარილი, პილპილი და კრეოლური სუნელი გემოვნებით
- 1 ფუნტი ახალი ბამია, ნაჭრებად დაჭრილი, ან გაყინული დაჭრილი ბამია, გალღობილი
- 1 სუფრის კოვზი პლუს 1 ჭიქა მცენარეული ზეთი, გაყოფილი
- 1 ჭიქა უნივერსალური ფქვილი
- 1 დიდი ხახვი, დაჭრილი
- 1 კონა მწვანე ხახვი, დაჭრილი, თეთრი და მწვანე ნაწილები გამოყოფილი
- 1 მწვანე ბულგარული წიწაკა, დაჭრილი
- 2 ცალი ნიახურის ღერო, დაჭრილი
- 4 კბილი ნიორი, დაჭრილი
- ½ ფუნტი ანდუი ან სხვა შებოლილი ძეხვი, დაჭრილი ოთხად სიგრძეზე და დაჭრილი 1/4 ინჩის სისქეზე
- 2 ახალი პომიდორი, კუბებად დაჭრილი, ან 1 (14,5 უნცია) კუბებად დაჭრილი პომიდორი
- 2 სუფრის კოვზი ტომატის პასტა
- 9 ჭიქა ზღვის პროდუქტები ან ქათმის ბულიონი, ან ამ ორის კომბინაცია
- 3 დაფნის ფოთოლი
- ½ ჩაის კოვზი კრეოლური სუნელი
- 1 ჩაის კოვზი მარილი
- რამდენიმე უჯრევს შავი პილპილის წისქვილზე
- 2 სუფრის კოვზი დაჭრილი ბრტყელფოთლიანი ოხრახუში
- მოხარშული გრძელმარცვლოვანი თეთრი ბრინჯი, სერვირებისთვის

ინსტრუქციები:

a) კრევეტები ამოიღეთ თავი, გააცალეთ კანი და გახეხეთ თავები და ნაჭუჭები მოათავსეთ საშუალო ზომის ქვაბში. დაამატეთ

იმდენი წყალი, რომ ჭურვი მინიმუმ 2 სანტიმეტრით დაიფაროს და მიიყვანეთ ადუღებამდე. დააფარეთ სახურავი, შეამცირეთ სითბო და ადუღეთ 30 წუთის განმავლობაში. როცა ოდნავ გაცივდება, გადაწურეთ ბულიონი დიდ საზომ თასში და გადააგდეთ ნაჭუჭები.

b) კიბოს ხორცის შემცველი ნაჭუჭების გარდა მოაშორეთ კიბორჩხალებს, დატოვეთ ფეხები და დატოვეთ ყვითელი და ნარინჯისფერი ცხიმი. თუ ჭურვის რომელიმე ნაწილს სჭირდება გაწმენდა, გააკეთეთ ეს ღრუბლით

c) ქათმის ნაჭრები გარეცხეთ და გააშრეთ და უხვად მოაყარეთ მარილი, პილპილი და კრეოლური სუნელი.

d) საშუალო ტაფაზე გააცხელეთ 1 სუფრის კოვზი მცენარეული ზეთი; დაუმატეთ ბამია და მოხარშეთ მაღალ ცეცხლზე, ხშირად ურიეთ სანამ ოდნავ შეწითლებას არ დაიწყებს. შეამცირეთ სითბო საშუალოზე და განაგრძეთ ხარშვა, სანამ წებოვანი სითხე არ გაქრება.

e) დიდ მძიმე ქვაბში გააცხელეთ 2 სუფრის კოვზი დარჩენილი ზეთი და შეწვით ქათმის ნაჭრები ყველა მხრიდან. ამოიღეთ ქათამი და გადადგით

f) ქვაბს დაუმატეთ დარჩენილი ზეთი და ფქვილი და ურიეთ მაღალ ცეცხლზე, სანამ რუ ღია ყავისფერი არ გახდება. შეამცირეთ სითბო საშუალოზე და მოხარშეთ მუდმივად ურიეთ სანამ რუ არ გახდება მუქი ყავისფერი (არაქისის კარაქის ფერი ან ოდნავ მუქი). ფრთხილად იყავით რომ არ დაწვათ

g) დაუმატეთ ხახვი, მწვანე ხახვის თეთრი ნაწილები, ბულგარული წიწაკა და ნიახური და მოშუშეთ ურიეთ გამჭვირვალემდე. დაამატეთ ნიორი და მოშუშეთ კიდევ ერთი წუთი. დაამატეთ ძეხვი, პომიდორი და ტომატის პასტა და მოხარშეთ კიდევ 5 წუთი. თანდათან აურიეთ ბულიონი.

h) დაუმატეთ ყველა სანელებელი ოხრახუშის გარდა. მიიყვანეთ ადუღებამდე, შემდეგ შეამცირეთ ცეცხლი ადუღებამდე. დააფარეთ თავსახური და ადუღეთ დახლოებით 1 საათი და 20 წუთი, დროდადრო ურიეთ და ზემოდან მოაშორეთ ცხიმი. დაამატეთ კრევეტები, ოხრახუში და მწვანე ხახვის ზემოდან, აწიეთ ცეცხლი და მოხარშეთ რამდენიმე წუთის განმავლობაში, სანამ კრევეტები არ გახდება ვარდისფერი. დაგემოვნეთ სანელებლების მორგება და დაფნის ფოთლების ამოღება.

i) მიირთვითთა სებში მოხა რშულბრინჯზე.

25. კაჯუნ ქათამი გუმბო

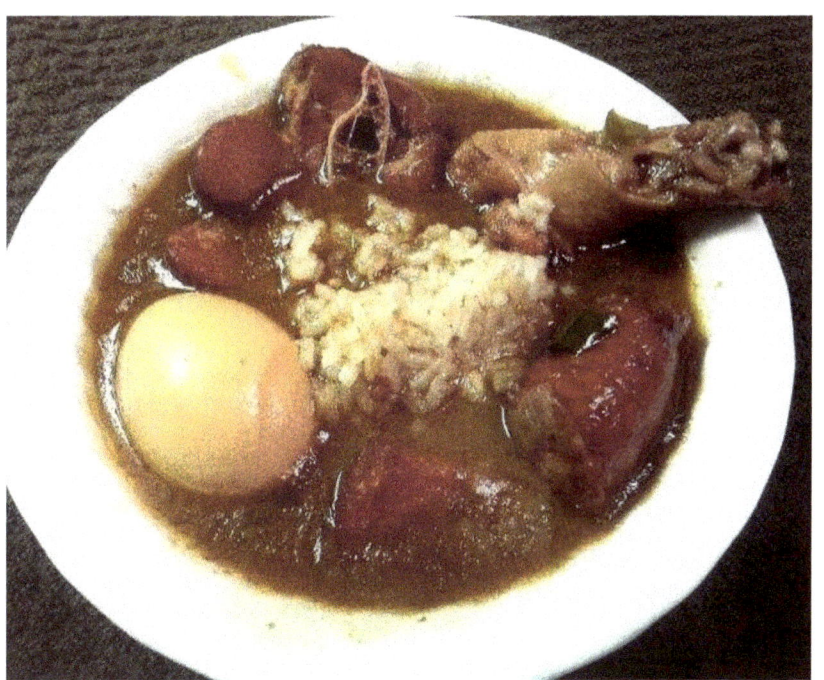

იღებს 6-8 პორციას

ინგრედიენტები:

- 1 (5-დან 6 ფუნტამდე) ქათამი
- მარილი, ახლად დაფქული შავი პილპილი და კაიენის პილპილი გემოვნებით
- 3/4 ჭიქა მცენარეული ზეთი, გაყოფილი
- ½ ფუნტი ანდუილი ძეხვი, დაჭრილი ½ ინჩის ნაჭრებად
- ½ ფუნტი ტასო, დაჭრილი ½ ინჩის ნაჭრებად
- 3/4 ჭიქა უნივერსალური ფქვილი
- 2 საშუალო ზომის ხახვი, დაჭრილი
- 6 მწვანე ხახვი, დაჭრილი, თეთრი და მწვანე ნაწილები გამოყოფილი
- 1 მწვანე ბულგარული წიწაკა, დაჭრილი
- 3 ცალი ნიახურის ღერო, დაჭრილი
- 1 სუფრის კოვზი დაფქული ნიორი
- 6 ½ ჭიქა ქათმის ბულიონი ან წყალი, ან ამ ორის კომბინაცია
- 3 დაფნის ფოთოლი
- კრეოლური სუნელი, გემოვნებით
- 3 სუფრის კოვზი დაჭრილი ბრტყელფოთოლა ნიახური
- მოხარშული გრძელმარცვლოვანი თეთრი ბრინჯი, სერვირებისთვის

ინსტრუქციები:

a) ქათამი დავჭრათ ნაჭრებად როგორც ქათამი. რადგან მკერდი დიდია, გაჭერით 3 ნაწილად გამოიყენეთ ზურგის ძვალი და ნებისმიერი ჯიბე, ღვიძლის გარდა. ჩამოიბანეთ გააშრეთ და უხვად მოაყარეთ ყველა მხრიდან მარილი და პილპილი.

b) ძალიან დიდ, მძიმე ქვაბით გააცხელეთ 1/4 ჭიქა ზეთი და ქათამი კარგად შეათეთრეთ ყველა მხრიდან. ქათამი ამოიღეთ ქვაბიდან და გადადეთ

c) ქვაბში დაამატეთ დარჩენილი ზეთი და ფქვილი და მუდმივად ურიეთ მაღალ ცეცხლზე, სანამ რუხი ღია ყავისფერი არ გახდება. შეამცირეთ ცეცხლი საშუალოზე და მოხარშეთ მუდმივად ურიეთ სანამ რუხი არ გახდება მუქი ყავისფერი (რძის შოკოლადის ფერი ან ოდნავ მუქი).

d) შეამცირეთ სითბო მინიმუმამდე; დაუმატეთ ხახვი, მწვანე ხახვის თეთრი ნაწილები, ბულგარული წიწაკა, ნიახური და ნიორი და მოშუშეთ გამჭვირვალემდე. თანდათან აურიეთ ბულიონი და/ან წყალი. დაუმატეთ დაფნის ფოთოლი და შეაზავეთ კრეოლური სუნელით დაფარეთ და ადუღეთ 3 საათის განმავლობაში, დროდადრო ურიეთ როგორც გუმბო იხარშება, გამოაცალეთ ცხიმი ზედაპირიდან. შეგიძლიათ1 ჭიქა ცხიმის მოცილება.

e) როდესაც გუმბო მოიხარშება და ქათამი დარბილდება, ამოიღეთ დაფნის ფოთოლი და შეურიეთ მწვანე ხახვის ზედა ნაწილი და ოხრახუში. მიირთვით თასებში ბრინჯით.

26. მწყერის გუფბო

იღებს 8 ულუფას

ინგრედიენტები:
- 8 ახალი მწყერი ან გაყინული, გალღობილი
- მარილი და ახლადდაფქული შავი პილპილი გემოვნებით
- 1 ფუნტი ბუდინი ან დაახლოებით4 ჭიქა ხელნაკეთი ჯამბალაია
- 3/4 ჭიქა მცენარეული ზეთი
- 3/4 ჭიქა უნივერსალური ფქვილი
- 1 დიდი ხახვი, დაჭრილი
- 3 მწვანე ხახვი, დაჭრილი, თეთრი და მწვანე ნაწილები გამოყოფილი
- 1 მწვანე ბულგარული წიწაკა, დაჭრილი
- 4 დიდი კბილი ნიორი, დაჭრილი
- 1/4 ფუნტი ტასო ან ანდუილი (ან სხვა შებოლილი) ძეხვი, დაჭრილი ნაჭრებად
- 2 სუფრის კოვზი ტომატის პასტა
- 6 ჭიქა ხელნაკეთი ან დაკონსერვებული ქათმის ბულიონი
- 1 ჩაის კოვზი ხმელი თამი
- 3 დაფნის ფოთოლი
- ½ ჩაის კოვზი კრეოლური სუნელი
- ½ ჩაის კოვზი ნიახურის მარილი
- 3 სუფრის კოვზი დაჭრილი ბრტყელფოთლიანი ოხრახუში

ინსტრუქციები:

a) ჩამოიბანეთმწყერი და ამოიღეთდარჩენილი ბუმბული. კარგად გააშრეთდა მოაყარეთმარილი და პილპილი შიგნითდა გარეთ თუ იყენებთ ბუდინს, ამოიღეთ იგი გარსაცმიდან. თითოეულმწყერს ჩაყარეთდაახლოებით4 სუფრის კოვზი ბუდინი ან ჯამბალაია და მიამაგრეთ ძაფები თითოეულ მწყერს უკნიდან წინ, გადააჯვარედინეთფეხები შიგთავსში დასაჭერად

b) განიერ, მძიმე ქვაბში გააცხელეთ3 სუფრის კოვზი ზეთი და მწყერი ფრთხილად შეწვით ყველა მხრიდან, გადაიტანეთ დაახლოებით ისე, რომ კანი არ დარჩეს. ამოიღეთ მწყერი ქვაბიდან და გადადეთ

c) ქვაბს დაუმატეთ დარჩენილი ზეთი და ფქვილი და მუდმივად ურიეთსაშუალო ცეცხლზე, სანამ რუფი არ დაიწყებს შეწითლებას.

შეამცირეთ ცეცხლი საშუალოზე და მოხარშეთ გამუდმებით ურიეთ სანამ რუქსი არაქისის კარაქის ფერი გახდება.

d) შეამცირეთ ცეცხლი დაბალ ცეცხლზე და დაუმატეთ ხახვი და მწვანე ხახვის თეთრი ნაწილები, გააჩერეთ ისინი დახლოებით 5 წუთის განმავლობაში. დაუმატეთ ბულგარული წიწაკა და მოხარშეთ სანამ არ გაშრება. დაუმატეთ ნიორი და მოშუშეთ კიდევ 1 წუთი. დამატეთ ტომატის პასტა და ტასო და მოხარშეთ კიდევ რამდენიმე წუთი. თანდათან აურიეთ ბულიონი, რასაც მოჰყვება ყველა სუნელი, გარდა მწვანე ხახვის ზემოდან და ოხრახუში. მიიყვანეთ ადუღებამდე და შემდეგ შეამცირეთ სითბო საშუალო-დაბალზე.

e) მწყერი დაბრუნეთ ქვაბში, დახურეთ თავსახური და ხარშეთ 30 წუთის განმავლობაში. როცა მომზადდება, დავამატოთ მწვანე ხახვის ზედა ნაწილი და მოვაცილოთ დაფნის ფოთლები.

f) მირთმევისთვის მოათავსეთ 1 მწყერი გუმბოს თითოეულ თასში და მოაყარეთ ოხრახუში.

27. Gumbo z'Herbes

იღებს 8 ულუფას

ინგრედიენტები:

- 1 პატარა ღორის ძვალი ან ½ ფუნტი შებოლილი ღორის კუბურები
- 1 ლიტრიანი ხამანწკები შეფუთულია თავისი ლიქიორით
- ½ ჭიქა მცენარეული ზეთი
- ½ ჭიქა უნივერსალური ფქვილი
- 1 დიდი ხახვი, დაჭრილი
- 3 მწვანე ხახვი, დაჭრილი
- 3 ცალი ნიახურის ღერო, დაჭრილი
- 3 კბილი ნიორი, დაჭრილი
- ½ ჩაის კოვზი კრეოლური სუნელი
- 3 დაფნის ფოთოლი
- ½ ჩაის კოვზი ხმელი თამი
- 1 სუფრის კოვზი შაქარი
- 2 ჭიქა გაწმენდილი და უხეშად დაჭრილი მდოგვის მწვანილი
- 2 ჭიქა გაწმენდილი და უხეშად დაჭრილი ტურნიკის მწვანილი
- 4 ჭიქა გაწმენდილი და უხეშად დაჭრილი საყელომწვანილი
- 4 ჭიქა ისპანახი
- 1 კონა ბრტყელფოთლიანი ოხრახუში
- ½ პატარა კომბოსტო, დაჭრილი ან გახეხილი
- 2 ჭიქა ენდივი, ნაჭრებად დახეული
- მარილი და ახლად დაფქული შავი პილპილი გემოვნებით
- მოხარშული გრძელმარცვლოვანი თეთრი ბრინჯი, სერვირებისთვის

ინსტრუქციები:

a) თუ ღორის ძვალს იყენებთ მოხარშეთ იგი დიდ ქვაბში 2 ლიტრ წყალში თავდახურული 2 საათის განმავლობაში ან სანამ ხორცი ძვლიდან არ ჩამოვარდება. როცა საკმარისად გაგრილდება, ამოიღეთ ხორცი ძვლიდან და გადადგით გადაყარეთ ძვალი და შეინახეთ მარაგი (დაახლოებით 7 ჭიქა დაგჭირდებათ).

b) გადაწურეთ ხამანწკები, შეინახეთ ალკოჰოლი და შეამოწმეთ ნაჭუჭის ფრაგმენტები. თქვენ უნდა მიიღოთ დაახლოებით ½ ჭიქა ლიქიორი.

c) ძალიან დიდ მძიმე ქვაბში შეურიეთ ზეთი და ფქვილი და აურიეთ მაღალ ცეცხლზე, სანამ რუქსი არ გახდება ყავისფერი. შეამცირეთ ცეცხლი საშუალოზე და მოხარშეთ მუდმივად ურიეთ სანამ რუქსი რძის შოკოლადის ფერი არ გახდება. დაუყონებლივ დაუმატეთ ხახვი და ხარშეთ კარამელიზებამდე. დაუმატეთ ნიახური და ნიორი და კიდევ ერთი წუთი ადუღეთ
d) შეურიეთ დაცული ღორის ბულიონი, ხამანწკის ლიქიორი (დაახლოებით ½ ჭიქა), კრეოლური სუნელი, დაფნის ფოთლები, ხახვი, შაქარი, დაცული ღორის ან ღორის კუბურები და მწვანილი და მოაყარეთ მარილი და პილპილი. ხარშეთ თავდახურული დაახლოებით 1 საათის განმავლობაში. დაუმატეთ ხამანწკები და მოხარშეთ სანამ არ დაიხვევენ, დაახლოებით 1 წუთი. დააგემოვნეთ და დაარეგულირეთ სანელებლები. გამორთეთ ცეცხლი და ამოიღეთ დაფნის ფოთლები.
e) მიირთვით სუპის თასებში ბრინჯზე.

28. Filé Gumbo

იღებს 6-8 პორციას

ინგრედიენტები:

- 2 ფუნტი კრევეტები ნაჭუჭებში თავებით
- ½ ჭიქა მცენარეული ზეთი ან ბეკონის წვეთები
- ½ ჭიქა უნივერსალური ფქვილი
- 1 ხახვი, დაჭრილი
- 1 მწვანე ბულგარული წიწაკა, დაჭრილი
- 3 კბილი ნიორი, დაჭრილი
- 2 სუფრის კოვზი ტომატის პასტა
- 2 დაფნის ფოთოლი
- ½ ჩაის კოვზი მარილი, ან გემოვნებით
- ½ ჩაის კოვზი ახლად დაფქული შავი პილპილი, ან გემოვნებით
- ½ ჩაის კოვზი კაიენის წიწაკა, ან გემოვნებით
- 2 სუფრის კოვზი ფილეს ფხვნილი
- 1 ფუნტი ჯუმბო კრაბის ხორცი
- მოხარშული გრძელმარცვლოვანი თეთრი ბრინჯი, სერვირებისთვის

ინსტრუქციები:

a) კრევეტები ამოიღეთ თავი, გააცალეთ კანი და გახეხეთ თავები და ნაჭუჭები მოათავსეთ საშუალო ზომის ქვაბში. დაამატეთ იმდენი წყალი, რომ ჭურვი მინიმუმ 2 სანტიმეტრით დაიფაროს და მიიყვანეთ ადუღებამდე დაფარული სახურავი. შეამცირეთ სითბო და ადუღეთ 30 წუთის განმავლობაში. როცა ოდნავ გაცივდება, გადაწურეთ ბულიონი დიდ საზომ თასში და გადააგდეთ ნაჭუჭები. საჭიროების შემთხვევაში, დაამატეთ წყალი იმდენი, რომ 5 ჭიქა სითხე მიიღოთ და აყენეთ განზე.

b) დიდ მძიმე ქვაბში შეურიეთ ზეთი და ფქვილი. მუდმივად ურიეთ მაღალ ცეცხლზე, სანამ ფქვილი არ დაიწყებს შეწითლებას. შეამცირეთ ცეცხლი საშუალოზე და მუდმივად ურიეთ სანამ რუხი არ გახდება მუქი ყავისფერი.

c) დაუმატეთ ხახვი და ბულგარული წიწაკა და მოშუშეთ სანამ არ გაშრება. დაამატეთ ნიორი და მოშუშეთ კიდევ ერთი წუთი. შეურიეთ ტომატის პასტა და ადუღეთ 5 წუთის განმავლობაში, დროდადრო აურიეთ. თანდათან აურიეთ კრევეტების ბულიონი.

დაუმატეთ ყველა სანელებლები ფილეს გარდა, დააფარეთ თავსახური და ადუღეთ დაბალ ცეცხლზე 30 წუთის განმავლობაში.

d) დაამატეთ კრევეტები და გააგრძელეთ ხარშვა 3 წუთის განმავლობაში, თუ კრევეტები პატარაა, ან 7 წუთი, თუ დიდია. გამორთეთ ცეცხლი. თუ თქვენ დაუყოვნებლივ მიირთმევთ ყველა გუმბოს, დაამატეთ ფილე და კარგად აურიეთ (თუ არა, შეინახეთ ფილე ცალკეულ თასებში დასამატებლად) ნაზად აურიეთ კრაბის ხორცი.

e) მიირთვით თასებში ცხელ ბრინჯზე. თუ ფილე არ დაუმატეთ დაამატეთ ½–3/4 ჩაის კოვზი თითოეულ თასში, თასების ზომის მიხედვით

29. კატის თევზი გუმბო

იღებს 6-8 პორციას

ინგრედიენტები:

- 3 ფუნტი კატის თევზის ნაგები, გაყოფილი
- ½ ჭიქა კანოლა ან სხვა მცენარეული ზეთი
- ½ ჭიქა უნივერსალური ფქვილი
- 1 დიდი ხახვი, დაჭრილი, ქერქები და ღვეზელები დაცულა
- 1 მწვანე ბულგარული წიწაკა, დაჭრილი, თესლი და მორთვა დაცული
- 2 ცალი ნიახურის ღერო, დაჭრილი
- 6 მწვანე ხახვი, დაჭრილი, თეთრი და მწვანე ნაწილები გამოყოფილი
- 3 დიდი კბილი ნიორი, დაჭრილი
- 1 (10 უნცია) ქილა ორიგინალური Ro-tel პომიდორი წიწაკით
- 2 ჭიქა დაჭრილი ახალი ან დაკონსერვებული პომიდორი
- 3 ჭიქა ბულიონი
- ½ ჭიქა თეთრი ღვინო
- 3 დაფნის ფოთოლი
- ½ ჩაის კოვზი ხმელი თამი
- 1 ჩაის კოვზი ახალი ლიმონის წვენი
- ½ ჩაის კოვზი Worcestershire სოუსი
- 1 ½ ჩაის კოვზი კრეოლური სუნელი
- მარილი და ახლადდაფქული პილპილი გემოვნებით
- 2 სუფრის კოვზი დაჭრილი ბრტყელფოთლიანი ოხრახუში
- მოხარშული გრძელმარცვლოვანი თეთრი ბრინჯი, სერვირებისთვის

ინსტრუქციები:

a) დაჭერით2 ფუნტი კატის თევზის ნაგლეტი 1 დიუმიან კუბებად და გადადეთ დარჩენილი ნაგები მოათავსეთ პატარა ქვაბში, 4 ჭიქა წყალი და ბოსტნეულის ღვეზელები, რომ მოამზადოთ დაფარეთ და ხარშეთ 45 წუთის განმავლობაში. გადაწურეთ ბულიონი დიდსაზომ ჭიქაში და გადაყარეთ მყარი.

b) გააცხელეთ ზეთი დიდ მძიმე ქვაბში. დაუმატეთ ფქვილი და გამუდმებით ურიეთ საშუალო ცეცხლზე, რომ მიიღოთ არაქისის კარაქის ფერის საშუალო-მუქი რუ. დაუმატეთ ხახვი, მწვანე

ხახვის თეთრი ნაწილები, ბულგარული წიწაკა და ნიახური და მოშუშეთ სანამ არ გაშრება. დაუმატეთ ნიორი და მოშუშეთ კიდევ 1 წუთი.

c) დაუმატეთ პომიდორი, 3 ჭიქა ბულიონი, ღვინო, დაფნის ფოთოლი, ხახვი, ლიმონის წვენი, Worcestershire სოუსი და კრეოლური სუნელი და მოაყარეთ მარილი და პილპილი. მიიყვანეთ ადუღებამდე. შეამცირეთ ცეცხლი, დაახურეთ თავსახური და ხარშეთ 30 წუთის განმავლობაში, დროდადრო ურიეთ

d) დაუმატეთ კუბიკებად დაჭრილი ლოქო და მიიყვანეთ ადუღებამდე. შეამცირეთ ცეცხლი და ხარშეთ სანამ თევზი არ მოიხარშება, დაახლოებით 5 წუთი. ამოიღეთ დაფნის ფოთოლი და დაუმატეთ ოხრახუში და მწვანე ხახვის ზემოდან. დაფარეთ და გააჩერეთ გუმბო ერთი საათის განმავლობაში.

e) ხელახლა გააცხელეთ გუმბო და მიირთვით თასებში ბრინჯით.

30. კომბოსტოგუმბო

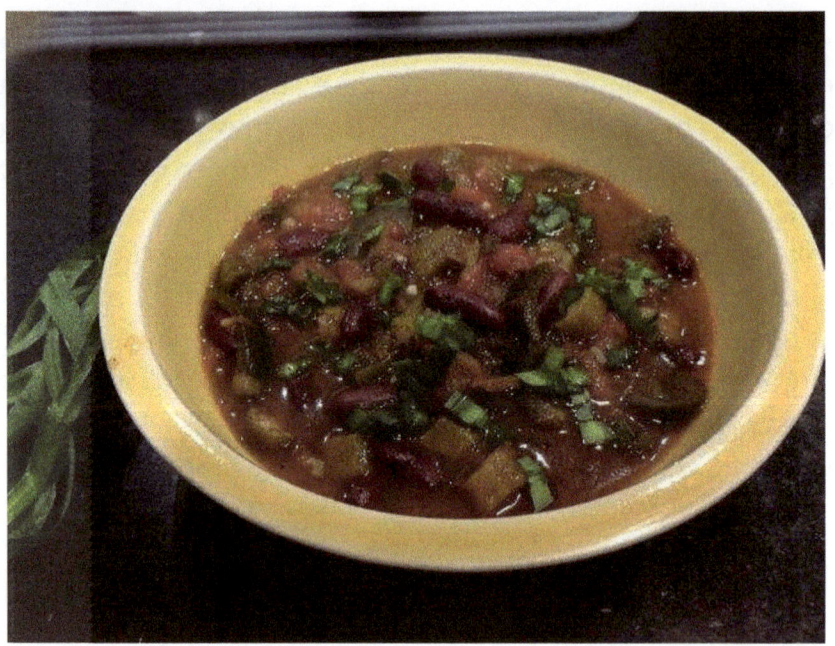

იღებს 4-6 პორციას

ინგრედიენტები:

- 1 დიდი კომბოსტო (დაახლოებით 3 ფუნტი)
- 4 სქელი ნაჭერი ბეკონი
- 1/4 ჭიქა მცენარეული ზეთი (მეტ-ნაკლებად საჭიროებისამებრ)
- ½ ჭიქა უნივერსალური ფქვილი
- 1 ხახვი, დაჭრილი
- 1 მწვანე ბულგარული წიწაკა, დაჭრილი
- 2 ცალი ნიახურის ღერო, დაჭრილი
- 3 დიდი კბილი ნიორი, დაჭრილი
- მარილი და ახლად დაფქული შავი პილპილი გემოვნებით
- 1 ჩაის კოვზი შაქარი
- 3 დაფნის ფოთოლი
- 1 ჩაის კოვზი კრეოლური სუნელი
- 8 ჭიქა წყალი
- 1 (10 უნცია) ქილა ორიგინალური Ro-tel პომიდორი მწვანე წიწაკა
- 2 პატარა შებოლილი ლორი
- მოხარშული გრძელმარცვლოვანი თეთრი ბრინჯი, სერვირებისთვის

ინსტრუქციები:

a) კომბოსტო დავჭრათ ნაჭრებად ჩამოიბანეთ გადაწურეთ და გააჩერეთ

b) დიდ მძიმე ქვაბში მოხარშეთ ბეკონი გამკვრივებამდე. ამოიღეთ ბეკონი ქვაბიდან და შეაგროვეთ ფრთხილად ჩაასხით ბეკონის ცხიმი თხევადსაზომ ჭიქაში და დაამატეთ იმდენი ზეთი, რომ მიიღოთ ½ ჭიქა. ტაფაზე გადააბრუნეთ ცხიმი და დაუმატეთ ფქვილი; გამუდმებით ურიეთ საშუალო ცეცხლზე, რომ მიიღოთ ღია ყავისფერი ან კარაქისფერი რუ.

c) დაუმატეთ ხახვი, ბულგარული წიწაკა და ნიახური და მოშუშეთ გაშრობამდე. დაუმატეთ ნიორი და მოშუშეთ კიდევ ერთი წუთი. შეურიეთ დარჩენილი ინგრედიენტები და კომბოსტო და მიიყვანეთ ადუღებამდე. შეამცირეთ ცეცხლი, დახურეთ თავსახური და გააჩერეთ1 საათი, დროდადრო ურიეთ

d) მიირთვით თასებში ბრინჯზე და ზემოდან მოაყარეთ დაქუცმაცებული ბეკონი. მიირთვით ცხელი სოუსი გვერდზე.

31. თურქეთის გუმბო

იღებს 6-8 პორციას

ინგრედიენტები:

- 1 ან მეტი ინდაურის კარკასი და ინდაურის ნარჩენი
- ½ ჭიქა მცენარეული ზეთი
- ½ ჭიქა უნივერსალური ფქვილი
- 1 ხახვი, დაჭრილი
- 1 კონა მწვანე ხახვი, დაჭრილი
- 3 ცალი ნიახურის ღერო, დაჭრილი
- 3 კბილი ნიორი, დაჭრილი
- დარჩენილი ინდაურის სოუსი (სურვილისამებრ)
- 2 დაფნის ფოთოლი
- ½ ჩაის კოვზი ხმელი თამი
- მარილი, კაიენური სუნელი და ახლადდაფქული შავი პილპილი გემოვნებით
- ½ ფუნტი ანდუილი (ან სხვა შებოლილი) ძეხვი, დაჭრილი ნაჭრებად
- 1 ლიტრი შეკუმშული ხამანწკები (სურვილისამებრ)
- 3 სუფრის კოვზი დაჭრილი ბრტყელფოთლიანი ოხრახუში
- მოხარშული გრძელმარცვლოვანი თეთრი ბრინჯი, სერვირებისთვის

ინსტრუქციები:

a) ამოიღეთ ნებისმიერი ხორცი ინდაურის კარკასიდან. დავჭრათ ნაჭრებად ინდაურის ნარჩენებთან ერთად და დააყენეთ განზე.

b) ინდაურის ძვლები მოათავსეთ ქვაბში, დაფარეთ წყლით და მიიყვანეთ ადუღებამდე. შეამცირეთ ცეცხლი დაბალ ცეცხლზე, დახურეთ თავსახური და ადუღეთ 1 საათი. როცა საკმარისად გაგრილდება, გადაწურეთ ბულიონი დიდ საზომ თასში და გადააგდეთ ძვლები. თუ ხამანწკებს იყენებთ გადაწურეთ ხამანწკის ლიქიორი ბულიონში. საჭიროების შემთხვევაში, დაამატეთ წყალი, რომ მიიღოთ მინიმუმ 8 ჭიქა სითხე. დააყენეთ განზე.

c) დიდ მძიმე ქვაბში გააცხელეთ ზეთი საშუალო და მაღალ ცეცხლზე. დაუმატეთ ფქვილი და განუწყვეტლივ ურიეთ სანამ რუხი არ დაიწყებს შეწითლებას. შეამცირეთ ცეცხლი საშუალოზე და

მოხარშეთ განუწყვეტლივ ურიეთ სანამ რუხი არ გახდება არაქისის კარაქის ფერი.

d) დაუმატეთ ხახვი და ნიახური და ხარშეთ დაბალ ცეცხლზე, სანამ გამჭვირვალე გახდება. დაამატეთ ნიორი და მოხუშეთ კიდევ ერთი წუთი. დაუმატეთ 8 ჭიქა ბულიონი (ან მეტი, თუ უფრო თხელი გუმბო გირჩევნიათ თუ ინდაურის სოუსი და გვირჩა, დაუმატეთ ამ ეტაპზე).

e) დაუმატეთ ყველა სანელებლები (გარდა ოხრახუშისა) და სოსისი; დაფარეთ და ხარშეთ 30 წუთის განმავლობაში. დაუმატეთ ინდაურის ხორცი და ხამანწკები, თუ იყენებთ და მოხარშეთ ხამანწკების დახვევამდე, 1–2 წუთის განმავლობაში. ამოიღეთ დაფნის ფოთლები და შეცვალეთ სანელებლები. დაუმატეთ ოხრახუში და მიირთვით თასებში ბრინჯზე.

32. Roux-less Gumbo

იღებს 6-8 პორციას

ინგრედიენტები:

- 2 ფუნტი საშუალო ზომის კრევეტები ნაჭუჭებში თავებითან 1 ფუნტი გახეხილი და გახეხილი გაყინული კრევეტები, გალღობილი
- 3 ჭიქა დაჭრილი ახალი ბამია ან 3 ჭიქა გაყინული დაჭრილი ბამია, გალღობილი
- 1 ფუნტი ქათმის თეძოები, დაჭრილი 1 დიუმიან ნაჭრებად
- კრეოლური სუნელი ქათმის მოსაყრელად პლუს ½ ჩაის კოვზი
- 1 ჩაის კოვზი პლუს 3 სუფრის კოვზი მცენარეული ზეთი
- 1 დიდი ხახვი, დაჭრილი
- 1 მწვანე ბულგარული წიწაკა, დაჭრილი
- 1 კონა მწვანე ხახვი, დაჭრილი, მწვანე და თეთრი ნაწილები გამოყოფილი
- 2 ცალი ნიახურის ღერო, დაჭრილი
- 3 კბილი ნიორი, დაჭრილი
- 1 (15 უნცია) ქილა დაქუცმაცებული პომიდორი
- 4 ჭიქა კრევეტები და/ან ქათმის ბულიონი
- ½ ჩაის კოვზი მარილი
- 10 გახეხეთ შავი პილპილის წისქვილზე
- 1 ჩაის კოვზი ნიახურის მარილი
- 1 სავსე სუფრის კოვზი დაჭრილი ბრტყელფოთლიანი ოხრახუში
- 1 სუფრის კოვზი ფილეს ფხვნილი
- მოხარშული გრძელმარცვლოვანი თეთრი ბრინჯი, სერვირებისთვის

ინსტრუქციები:

a) თუ იყენებთ ახალ კრევეტებს, ამოიღეთ თავები და ნაჭუჭები და გახეხეთ კრევეტები. ნაჭუჭები და თავები მოათავსეთ საშუალო ქვაბში, დაამატეთ იმდენი წყალი, რომ ნაჭუჭები მინიმუმ 2 სანტიმეტრით დაიფაროს და მიიყვანეთ ადუღებამდე. დაფარეთ სახურავი, შეამცირეთ ცეცხლი დაბალ ცეცხლზე და ხარშეთ 30 წუთის განმავლობაში. როცა ოდნავ გაცივდება, გადაწურეთ ბულიონი დიდ საზომ თასში და გადააგდეთ ნაჭუჭები. დაგჭირდებათ 4 ჭიქა მარაგი. დანარჩენი შეინახეთ შემდგომი გამოყენებისთვის.

b) 1 ჩაის კოვზი ზეთი გააცხელეთ ტაფაში საშუალო ცეცხლზე და დაუმატეთ ბამია. მოხარშეთ ხშირად გადატრიალეთ სანამ ბამიას მთელ სიგლუვე არ მოაშორებთ დააყენეთ განზე.

c) ქათამს ყველა მხრიდან მოაყარეთ კრეოლური სუნელი. დარჩენილი ზეთი გააცხელეთ დიდ მძიმე ქვაბში და 2 ნაჭერად შეწვით ქათმის ნაჭრები ყველა მხრიდან. ქათამი ამოიღეთ თეფშზე.

d) ქვაბში დავამატოთ ხახვი, მწვანე ხახვის თეთრი ნაწილები, ბულგარული წიწაკა და ნიახური და ვშუშოთ გამჭვირვალემდე. დაუმატეთ ნიორი და მოშუშეთ კიდევ ერთი წუთი.

e) დააბრუნეთ ქათამი ქვაბში და დაუმატეთ ბამია, პომიდორი, ბულიონი, დარჩენილი კრეოლური სუნელი, მარილი, პილპილი და ნიახურის მარილი. დაფარეთ და ხარშეთ30 წუთის განმავლობაში.

f) დაამატეთ კრევეტები, მწვანე ხახვი და ოხრახუში და მოხარშეთ კიდევ 5-10 წუთით ან სანამ კრევეტები უბრალოდ ვარდისფერი არ გახდება. თუკი მთელ გუმბოს მირთმევას აპირებთ დაამატეთ ფილე ქვაბში. მიირთვით თასებში ბრინჯზე. თუ ფილე არ დაუმატეთ დაამატეთ ½–3/4 ჩაის კოვზი თითოეულ თასში.

33. იხვი და ანდუ გუმბო

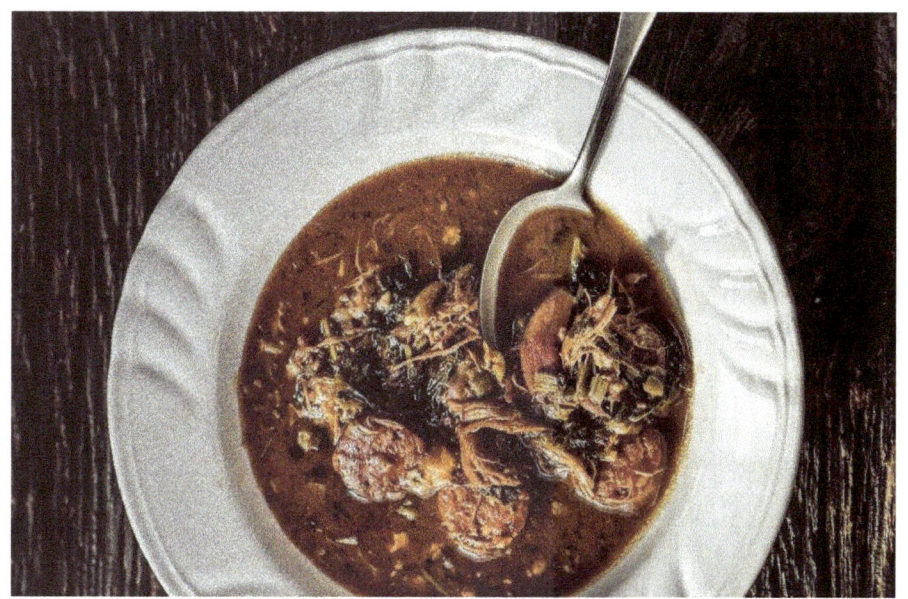

იღებს 6-8 პორციას

ინგრედიენტები:

- 1 (6 ფუნტი) იხვის ჭუჭი
- 2 თავი ხახვი, 1 მეოთხედი და მეორე დაჭრილი
- 4 ცალი ნიახურის ღერო, 2 ნაჭრებად დაჭრილი და დანარჩენი 2 დაჭრილი
- 4 დაფნის ფოთოლი, გაყოფილი
- ახლად დაფქული შავი პილპილი გემოვნებით
- 1 ფუნტი ანდუილი ძეხვი, დაჭრილი ნაჭრებად
- 3/4 ჭიქა მცენარეული ზეთი
- 1 ჭიქა უნივერსალური ფქვილი
- 1 კონა მწვანე ხახვი, დაჭრილი, თეთრი და მწვანე ნაწილები გამოყოფილი
- 1 მწვანე ბულგარული წიწაკა, დაჭრილი
- 4 კბილი ნიორი, დაჭრილი
- ½ ჩაის კოვზი ხმელი თამი
- ½ ჩაის კოვზი კრეოლური სუნელი
- 1/4 ჩაის კოვზი კაიენის წიწაკა
- 1 სუფრის კოვზი Worcestershire სოუსი
- მარილი, გემოვნებით
- ½ ჭიქა დაჭრილი ბრტყელფოთლიანი ოხრახუში
- მოხარშული გრძელმარცვლოვანი თეთრი ბრინჯი, სერვირებისთვის

ინსტრუქციები:

a) ჩამოიბანეთ იხვი და ამოიღეთ ზედმეტი ცხიმი. იხვი მოათავსეთ დიდ ქვაბში და დაფარეთ წყლით დაუმატეთ მეოთხედ დაჭრილი ხახვი, ნიახურის ნაჭრები, 2 დაფნის ფოთოლი და რამდენიმე დაფქული წიწაკის წისქვილზე. მიიყვანეთ ადუღებამდე. შეამცირეთ ცეცხლი დაბალ ცეცხლზე და ხარშეთ სანამ იხვი არ მოიხარშება, დაახლოებით45 წუთი. ამოიღეთიხვი ამ ქვაბიდან და გააჩერეთ სანამ არ გაცივდება საკმარისად დასამუშავებლად იხვი ამოიღეთ ძვლებიდან და ხორცი დაჭერით ნაჭრებად ხორცი გვერდზე გადადეთ

b) დაბრუნეთ ძვლები ქვაბში და გააჩერეთ 1 საათი. გადაწურეთ ბულიონი დიდ თასში და გააციეთ შედგით მაცივარში, სანამ ცხიმი არ გამაგრდება და გადაწურეთ და გადაყარეთ ცხიმი.

c) დიდ ტაფაში შეწვით ძეხვი საშუალო და მაღალ ცეცხლზე. დააყენეთ განზე.

d) გააცხელეთ ზეთი დიდ მძიმე ქვაბში მაღალ ცეცხლზე; დაუმატეთ ფქვილი და განუწყვეტლივ ურიეთ სანამ რუხი არ დაიწყებს შეწითლებას. შეამცირეთ ცეცხლი საშუალოზე ან საშუალოზე და მოხარშეთ მუდმივად აურიეთ სანამ რუხი მუქი შოკოლადის ფერი არ გახდება.

e) დაუმატეთ დაჭრილი ხახვი, მწვანე ხახვის თეთრი ნაწილები, ნიახური და ბულგარული წიწაკა და მოშუშეთ აურიეთ სანამ არ გაშრება. დაამატეთ ნიორი და მოშუშეთ კიდევ ერთი წუთი. თანდათან აურიეთ 6 ჭიქა ბულიონი. (თუ დამატებითი მარაგი გაქვთ გაყინეთ სხვა გამოყენებისთვის.) დაამატეთ დარჩენილი დაფნის ფოთლები და თამი, კრეოლური სუნელი, კაიენის წიწაკა და ვოსტერშირის სოუსი და მოაყარეთ მარილი.

f) დაუმატეთ სოსისი და იხვი და ხარშეთ თავდახურული, სანამ იხვი დარბილდება, დაახლოებით 1 საათი. შეურიეთ ოხრახუში და მწვანე ხახვის ზემოდან.

g) მიირთვით თასებში ბრინჯის თავზე ცხელი სოუსით და ცხელი ფრანგული პურით

34. კრმი, კრევეტები და კრბი

მზადდება: 10 პორცია

ინგრედიენტები:

- ½ ფუნტი ბეკონი, დაჭრილი
- 1 დიდი ყვითელი ხახვი, კუბებად დაჭრილი
- 2 საშუალო ზომის სტაფილო გახეხილი და კუბებად დაჭრილი
- 2 ღერო ნიახური, კუბებად დაჭრილი
- 2½ ჭიქა ზღვის პროდუქტები
- 2 დიდი წითელი კარტოფილი, გახეხილი და კუბებად დაჭრილი
- 3 კბილი ნიორი, დაჭრილი
- ¾ ჭიქა (1½ ჩხირი) დამარილებული კარაქი
- ¾ ჭიქა უნივერსალური ფქვილი
- 2 ჭიქა მძიმე კრემი
- 2 ჭიქა მთელი რძე
- 1 ჭიქა დაფქული მილი
- ½ ჭიქა კრაბის ხორცი
- 2 ჩაის კოვზი კოშერის მარილი
- 1 ჩაის კოვზი დაფქული შავი პილპილი
- ½ ფუნტი საშუალოუმი კრევეტები, გახეხილი და გახეხილი
- 2 სუფრის კოვზი დაჭრილი ახალი ოხრახუში

ინსტრუქციები:

a) ჩაყარეთ ბეკონი დიდ ქვაბში და გადააქციეთ სითბო საშუალოზე. მოხარშეთ ბეკონი, სანამ არ გახდება crisp. შემდეგ ამოიღეთ ქვაბიდან, ქვაბში ცხიმი შეინახეთ და ბეკონი გვერდზე გადადეთ

b) ქვაბში დაამატეთ ხახვი, სტაფილო და ნიახური. მოხარშეთ სანამ ისინი სასიამოვნო და რბილი გახდება, შემდეგ დაასხით ზღვის პროდუქტების ბულიონი. დაუმატეთ კარტოფილი და ნიორი და ხარშეთ დახლოებით 15 წუთის განმავლობაში, ჯერ კიდევ საშუალო ცეცხლზე.

c) სანამ მზადდება, საშუალო ზომის ქვაბში დაამატეთ კარაქი და გაადნეთ საშუალო ცეცხლზე. მოაყარეთ ფქვილი და ათქვიფეთ ადუღეთ 3 წუთის განმავლობაში, განუწყვეტლივ ურიეთ შემდეგ დაასხით ნაღები და რძე. აუცილებლად ათქვიფეთ ისე, რომ ერთანადარიყოს!

d) კარაქისა და ფქვილის ნარევი ჩაასხით დიდ ქვაბში სხვა ინგრედიენტებთან ერთად და აურიეთ დაუმატეთ მილი, კიბორჩხალა, მარილი და შავი პილპილი. შეურიეთ ინგრედიენტები, შემდეგ შეამცირეთ სითბო მინიმუმამდე.
e) დაუმატეთ კრევეტები და ბეკონი და აურიეთ
f) ხარშეთ 15 წუთის განმავლობაში. სუფრაზე მიტანის წინ მოაყარეთ ახალი ოხრახუში.

35. ბრუნსვიკ სტიუ

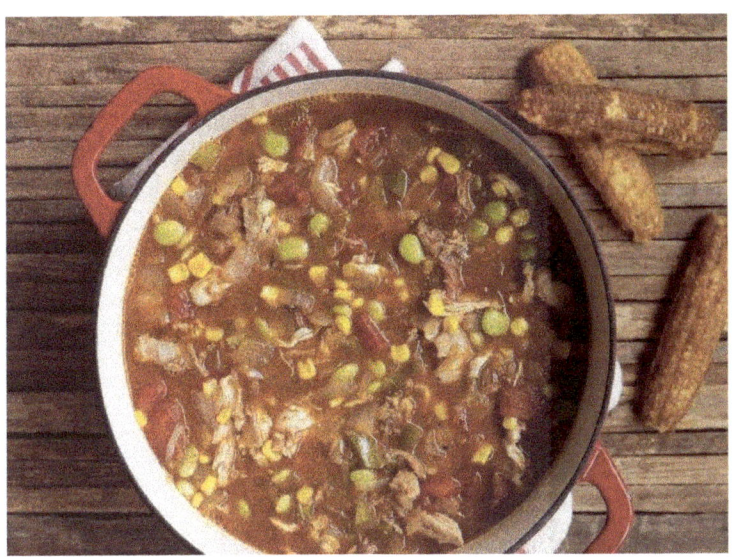

იღებს: 8-დან 10 ულუფამდე

ინგრედიენტები:

- 6 ჭიქა ქათმის ბულიონი
- 2 ჭიქა Slow Cooker BBQ გამოყვანილი ღორის ხორცი
- 2 ჭიქა დაჭრილი ქათამი, მოხარშული
- 2 ჭიქა გაყინული ან მშრალი ლიმას ლობიო
- 3 საშუალო დაფქული კარტოფილი, გახეხილი და კუბებად დაჭრილი
- 1 (14 უნცია) ქილა კუბებად დაჭრილი პომიდორი ტომატის წვენში
- 1 დიდი წითელი ხახვი, კუბებად დაჭრილი
- 1½ ჭიქა გაყინული ბარდა და სტაფილო
- 1½ ჭიქა გაყინული ბამია
- 1 ჭიქა გაყინული სიმინდი
- 1 ჭიქა ჰიკორის BBQ სოუსი
- 3 კბილი ნიორი, დაჭრილი
- 2 სუფრის კოვზი Worcestershire სოუსი
- 2½ ჩაის კოვზი მარილის სანელებელი
- 1 ჩაის კოვზი დაფქული შავი პილპილი
- ½ ჩაის კოვზი დაფქული კუმინი

ინსტრუქციები:

a) დაამატეთ ყველა ინგრედიენტი 6 ლიტრიან ნელ გაზქურაში. ურიეთ მანამ, სანამ ყველაფერი კარგად არ ერთვება. დახურეთ თავსახური ნელგაზქურაზე და დადგით დაბალ სითბოზე.
b) მოხარშეთ 5 საათი, შემდეგ მიირთვით ნებისმიერი ნარჩენი შეიძლება ინახებოდეს ჰერმეტულ კონტეინერში მაცივარში 5 დღემდე.

36. Shrimp Étouffée

მზადდება: 4 პორცია

ინგრედიენტები:

- ½ ჭიქა დამარილებული კარაქი
- ½ ჭიქა უნივერსალური ფქვილი
- 1 სუფრის კოვზი მცენარეული ზეთი
- 1 დიდი მწვანე ბულგარული წიწაკა, კუბებად დაჭრილი
- ½ საშუალო ხახვი, კუბებად დაჭრილი
- 2 ღერო ნიახური, კუბებად დაჭრილი
- 3 კბილი ნიორი, დაჭრილი
- 1 (14 უნცია) ქილა დაჭრილი პომიდორი
- 1 სუფრის კოვზი ტომატის პასტა
- 2 ჭიქა ქათმის ბულიონი ან ზღვის პროდუქტები
- 2 ტოტი ახალი ხახვი, პლუს მეტი დეკორაციისთვის
- 1½ ჩაის კოვზი კრეოლური სუნელი
- 1 ჩაის კოვზი Worcestershire სოუსი
- ½ ჩაის კოვზი დაფქული შავი პილპილი
- ½ ჩაის კოვზი წითელი წიწაკის ფანტელები
- 2 ფუნტი ნედლი ჯუმბო კრევეტები, გახეხილი და გახეხილი
- 2 ჭიქა მოხარშული თეთრი ბრინჯი

ინსტრუქციები:

a) დიდ ქვაბში საშუალო ცეცხლზე გაადნეთ კარაქი. როგორც კი კარაქი გადნება, დაუმატეთ ფქვილი და ათქვიფეთ სანამ ყველაფერი კარგად არ ერთგვაროვანია. მოხარშეთ რუხი, სანამ არ მიაღწევს ღრმა მდიდარ ყავისფერ ფერს, 10-დან 15 წუთამდე, მაგრამ დარწმუნდით რომ არ დაწვათ

b) დაუმატეთ ბულგარული წიწაკა, ხახვი, ნიახური და ნიორი. მოხარშეთ სანამ ბოსტნეული არ დარბილდება, 3-დან 5 წუთის განმავლობაში. შემდეგ დაუმატეთ კუბიკებად დაჭრილი პომიდორი და ტომატის პასტა. ნელნელა ჩაასხით ბულიონი და ჩაყარეთ ახალი ხახვი. აურიეთ სანამ ყველაფერი კარგად არ გაერთიანდება, შემდეგ მოაყარეთ კრეოლური სუნელი, Worcestershire სოუსი, შავი პილპილი და წითელი წიწაკის ფანტელები. აურიეთ ინგრედიენტები და მოხარშეთ 5 წუთის განმავლობაში საშუალოდ მაღალ ცეცხლზე.

c) ნელნელა დაიწყეთ კრევეტების დამატება და მოურიეთ შეამცირეთ სითბო მინიმუმამდე და მოხარშეთ კიდევ 5 წუთი. ამოიღეთ თევის ყლორტები. მორთეთ ხახვი და მიირთვით ცხელ ბრინჯით

37. Oxtail Stew

იღებს: 6-დან 8 პორცია

ინგრედიენტები:
- ½ ჭიქა უნივერსალური ფქვილი
- 3½ ჩაის კოვზი მარილის სანელებელი
- 2 ჩაის კოვზი პაპრიკა
- ½ ჩაის კოვზი დაფქული შავი პილპილი
- 4 ფუნტი oxtails, ცხიმის გათლილი
- ¼ ჭიქა მცენარეული ზეთი
- 1 დიდი ყვითელი ხახვი, დაჭრილი
- 1 (14,5 უნცია) ქილა დაჭრილი პომიდორი
- 4 კბილი ნიორი
- 3 ტოტი ახალი თამი
- 3 დაფნის ფოთოლი
- 1 (6 უნცია) ქილა ტომატის პასტა
- 1 ლიტრი (32 უნცია) ძროხის ბულიონი
- 1 ფუნტი ბავშვის სტაფილო
- 1½ ფუნტი ბავშვის წითელი კარტოფილი, დაჭრილი

ინსტრუქციები:
a) აიღეთ დიდი საყინულე ჩანთა და დაამატეთ ფქვილი, სანელებლები მარილი, პაპრიკა და შავი პილპილი. შეანჯღრიეთ ჩანთა, რათა დარწმუნდეთ რომ ყველაფერი კარგად არის ჩართული. დაიწყეთ ხარის კუდების დამატება, სათითაოდ და შეანჯღრიეთ ჩანთა, რომ დაიფაროს. მას შემდეგ, რაც oxtails დაფარული, დააყენეთ ისინი ფირფიტაზე ან საცხობ ფირფიტაზე.
b) დიდ ტაფაზე საშუალო ცეცხლზე დაასხით მცენარეული ზეთი. მას შემდეგ, რაც ზეთი გაცხელდება, დაიწყეთ კუდის დამატება. შებრაწეთ ხარის კუდის ყველა ზედაპირი, დაახლოებით 3 წუთი თითოეულ მხარეს, შემდეგ ამოიღეთ ტაფიდან და მოათავსეთ 6 ლიტრიან ნელგაზქურში.
c) ხახვი ჩაყარეთ ტაფაში და მოშუშეთ სანამ დარბილდება. დაუმატეთ ნელ გაზქურას ოხრახუშით პომიდორთან, ნიორთან, ხამანწკთან და დაფნის ფოთლებთან ერთად

d) ღრმა თასში შეურიეთ ტომატის პასტა და ძროხის ბულიონი და კარგად აურიეთ ერთმანეთში. ჩაასხით ეს ნარევი ნელ ქვაბში, დააყენეთ ნელ ცეცხლზე და მოხარშეთ 6 საათის განმავლობაში.

e) დაამატეთ სტაფილო და კარტოფილი, აურიეთ და მოხარშეთ კიდევ 2 საათი. შემდეგ მიირთვით და ისიამოვნეთ!

38. ლობიოსა და ბრინჯის წვნიანი

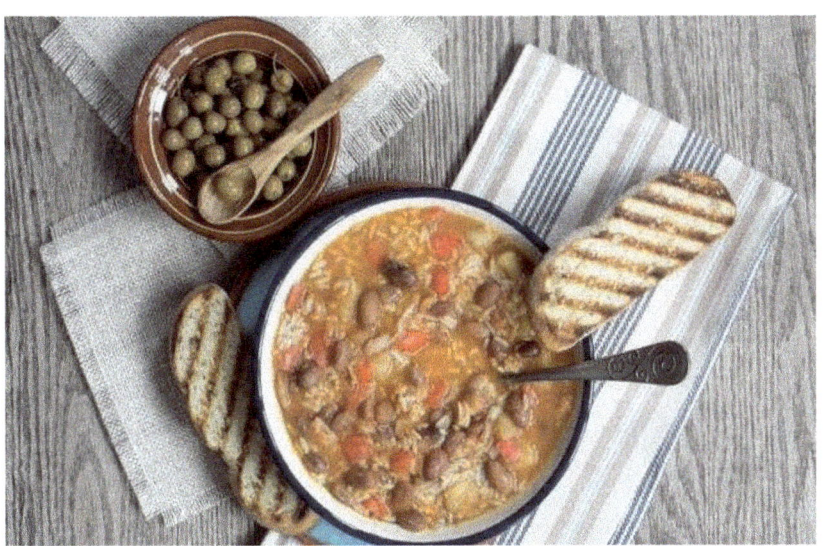

იღებს: 4

ინგრედიენტები:

- 2 ჭიქა ქათამი, მოხარშული და კუბიკებად დაჭრილი
- 1 ჭიქა გრძელმარცვლოვანი ბრინჯი, მოხარშული
- 2 15 უნცია ქილა პინტოლობიო, გამოწურული
- 4 ჭიქა ქათმის ბულიონი
- 2 სუფრის კოვზი თაკოს სანელებლების მიქსი
- 1 ჭიქა ტომატის სოუსი

ტოპინგები:

- □არგი ყველი
- სალსა
- დაჭრილი კილანტრო
- დაჭრილი ხახვი

ინსტრუქციები:

a) მოათავსეთყველა ინგრედიენტი საშუალო ზომის ქვაბში. ნაზად მოურიეთ

b) მოხარშეთ საშუალო ცეცხლზე, ადუღეთ დახლოებით 20 წუთის განმავლობაში, დროდადრო აურიეთ

c) მიირთვითტოპინგებთან ერთად

39. ჩილი კონ კარნე

ინგრედიენტები:

- დაფქული/დაფქული საქონლის ხორცი 500გრ
- 1 დიდი ხახვი დაჭრილი
- 3 კბილი ნიორი
- 2 ქილა დაჭრილი პომიდორი 400 გრ
- გაწურეთტომატის პიურე
- 1 ჩაის კოვზი ჩილის ფხვნილი (ან გემოვნებით)
- 1 ჩაის კოვზი დაფქული ცილი
- ვორესტერის სოუსი
- მოხყარეთმარილი და პილპილი
- 1 დაჭრილი წითელი წიწაკა
- 1 ფინჯანი გამოწურული ლობიო400გრ

ინსტრუქციები:

a) ხახვი შეწვითცხელტაფაზე ზეთით სანამ თითქმის არგახდება ყავისფერი, შემდეგ დაამატეთდაჭრილი ნიორი
b) დაუმატეთ ფარში და მოურიეთ სანამ არ გახდება ყავისფერი; სურვილის შემთხვევაში გადაწურეთზედმეტი ცხიმი
c) დაამატეთყველა ხმელი სანელებლები და სანელებლები, შემდეგ შეამცირეთსითბო და დაამატეთდაჭრილი პომიდორი
d) კარგად აურიეთ და დაუმატეთ ტომატის პიურე და ვორესტერშირის სოუსი, შემდეგ დატოვეთ ადუღებამდე დახლოებით ერთი საათის განმავლობაში (ნაკლებად თუ გეჩქარებათ)
e) დაუმატეთდაჭრილი წითელი წიწაკა და გააგრძელეთხარშვა 5 წუთის განმავლობაში, შემდეგ დაუმატეთ გამოწურული ლობიოს ფორმა და მოხარშეთკიდევ 5 წუთი, თუ წიწაკა ნებისმიერ დროს გაშრება, დაამატეთცოტა წყალი.
f) მიირთვით ბრინჯთან, პიჯაკის კარტოფილთან ან მაკარონთან ერთად

40. ვეგანური ბრინჯის სუპი

იღებს: 4

ინგრედიენტები:

- 4 დიდი ნიახურის ღერო
- 3 დიდი სტაფილო
- 1 საშუალოთეთრი ხახვი
- 1 ჩაის კოვზი ხმელი თამი
- 1 ჩაის კოვზი ხმელი ოხრახუში
- 1 ჩაის კოვზი ნივრის ფხვნილი
- 1 ჩაის კოვზი მარილი
- ½ ჩაის კოვზი დაფქული სალბი
- 1 სუფრის კოვზი ქოქოსის ამინოები
- 4 ჭიქა ბოსტნეულის ბულიონი
- 2 ჭიქა წყალი
- 2/3 ჭიქა გრძელმარცვლოვანი თეთრი ბრინჯი
- 1 ქილა პინტოლობიო(15 უნცია ქილა)

ინსტრუქციები:

a) ბოსტნეული დაჭერითან დაჭერითნაჭრებად
b) მოაყარეთ დიდი ქვაბი გაზქურაზე და ჩართეთსაშუალო სითბო ქოთნის ძირს შეასხურეთ ავოკადოს ზეთი ან ზეითუნის ზეთის სპრეი. დაამატეთბოსტნეული.
c) მოხარშეთბოსტნეული 3-4 წუთის განმავლობაში.
d) 3-4 წუთის შემდეგ დაამატეთსანელებლები, დაფნის ფოთოლი და ქოქოსის ამინოები. აურიეთდა მოხარშეთკიდევ 1-2 წუთი.
e) სანამ ბოსტნეული მზადდება, კარგადჩამოიბანეთბრინჯი.
f) დაამატეთ ½ ჭიქა ბოსტნეულის ბულიონი და გახეხეთქოთნის ძირი/გვერდი, ამოიღეთყავისფერი ნაჭრები ქვემოდან.
g) ქვაბში დაამატეთ დარჩენილი ბულიონი, წყალი და ბრინჯი. აურიეთდა დააფარეთ აწიეთსითბომაღალზე.

h) როგორც კი წვნიანი ადუღდება, დაუწიეთ ცეცხლს და მოხარშეთ 15 წუთის განმავლობაში.
i) სანამ წვნიანი მზადდება, გარეცხეთ და გადაწურეთ ლობიო და დაამატეთ ისინი წვნიანს.
j) სუფრასთან მიტანის წინ მოაცილეთ დაფნის ფოთლები. მიირთვით ცხელი.

41. იამაიკური ყავისფერი ჩაშუშული ქათამი

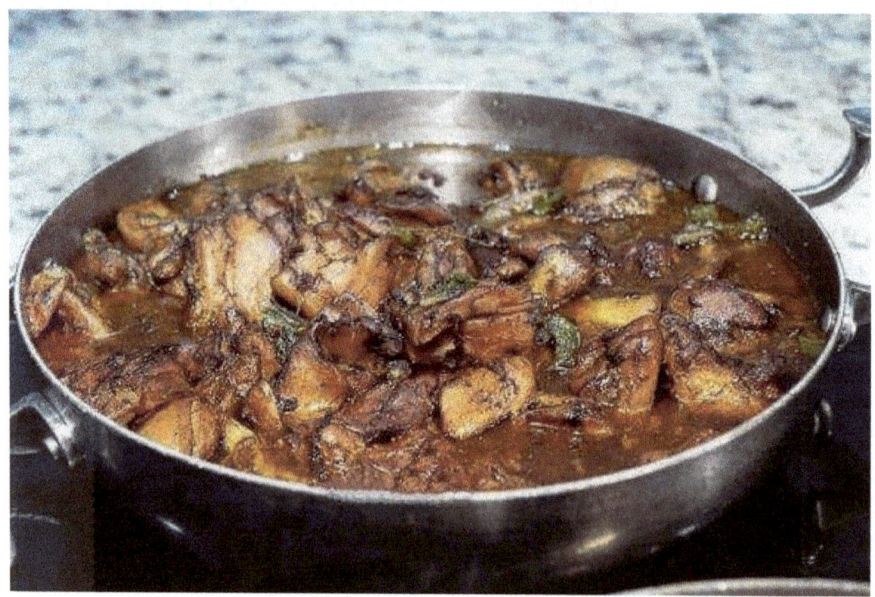

ქმნის: 4

ინგრედიენტები:

- 3 ფუნტი ქათამი დაჭრილი ნაწილებადღვანით
- 2-3 სტაფილო
- 1 კონა ხახვი
- 1 ყლორტი თამი ან ჩაის კოვზი ხმელი თამი
- 1 ლეროხახვი (გაზაფხულის ხახვი)
- 2-3 კბილი ნიორი
- 1-2 პომიდორი
- 1 ჩაის კოვზი წიწაკის სოუსი
- □არილი
- □ავი "პილპილი
- 1 სუფრის კოვზი ზეითუნის ზეთი

ინსტრუქციები:

a) ქათამს მოაყარეთ მარილი, შავი პილპილი, დაჭყლეტილი ნივრის კბილი და დაჭრილი ხახვი.

b) ქათამი გააჩერეთ მინიმუმ ერთი საათის განმავლობაში, მაგრამ იდეალურია ღამით მაცივარში თავდახურული.

c) გააცხელეთზეთი დიდარაწებოვან ტაფაში.

d) შეწვით ქათამი რამდენიმე წუთის განმავლობაში თითოეულ მხარეს, სანამ არგახდება ყავისფერი.

e) ამოიღეთქათამი ტაფიდან.

f) დაჭრილი სტაფილოშეწვითგაყავისფრამდე.

g) ტაფაში დაამატეთდაჭრილი პომიდორი, ცხარე წიწაკის სოუსი, თამი და ჭიქა ცხელი წყალი.

h) ადუღეთ5 წუთის განმავლობაში.

i) ტაფაში დაამატეთქათამი.

j) დაამატეთკიდევ ერთი ჭიქა ცხელი წყალი, შეამცირეთსითბოდა დაფარეთტაფა.

k) ადუღეთდახლოებით30 წუთის განმავლობაში, სანამ ქათამი დარბილდება და ყავისფერი სოუსი არშესქელდება.

42. ქოქოსის რძის კონჩი

ინგრედიენტები:

- 1 ფუნტი კონჩის ხორცი
- 1/4 ჭიქა საჭმლის ზეთი, გაყოფილი
- 2 მწვანე ხახვი, დაჭრილი
- 1 სტაფილო, კუბებად დაჭრილი
- 1 ღერი ნიახური, კუბებად დაჭრილი
- 1 პატარა წითელი ბულგარული წიწაკა, დაჭრილი
- ½ ახალი სიმინდის მარცვალი
- 2 სუფრის კოვზი უნივერსალური ფქვილი
- 1-კვარტალი ნახევარ-ნახევარი
- 14 უნცია ქოქოსის რძე
- 2 ჭიქა თევზის ბულიონი
- 1 ½ სუფრის კოვზი გახეხილი ახალი ჯანჯაფილის ფესვი
- მარილი და პილპილი გემოვნებით
- 1 ½ ჩაის კოვზი ცხელი სოუსი
- 1 კონა ახალი კილანტრო(ქინძი), დაჭრილი

ინსტრუქციები:

a) კონქის ხორცი მოათავსეთ ქვაბში იმდენი წყლით რომ დაიფაროს და მიიყვანეთ ადუღებამდე. მოხარშეთ 15 წუთის განმავლობაში.

b) გადაწურეთ და წვრილად დაჭერით

c) 2 სუფრის კოვზი ზეთი გააცხელეთ ტაფაზე საშუალო ცეცხლზე და შეურიეთ მწვანე ხახვი, სტაფილო, ნიახური, წითელი წიწაკა და სიმინდი. მოხარშეთ და ურიეთ5 წუთის განმავლობაში.

d) დარჩენილი 2 სუფრის კოვზი ზეთი გააცხელეთ დიდ ქვაბში და ათქვიფეთ ფქვილი, რომ მიიღოთ რუქსი. ჩაასხით ნახევარ-ნახევარი, ქოქოსის რძე და თევზის ბულიონი. შეურიეთ ჯანჯაფილი და მოაყარეთ მარილი და პილპილი.

e) ქვაბში აურიეთ კონქი და ბოსტნეული. მიიყვანეთ ადუღებამდე, შეამცირეთ სითბო დაბალ ცეცხლზე და ადუღეთ 15 წუთის განმავლობაში. შეურიეთ ცხელ სოუსს და კილანტროს (ქინძი). განაგრძეთ ხარშვა 15 წუთის განმავლობაში, ან სასურველი კონსისტენციის.

43. პრასის სუფი

ქმნის4

ინგრედიენტები:

- 2 სუფრის კოვზი კარაქი
- 3 ჭიქა პრასი, დაჭრილი
- 1 ½ ჭიქა ხახვი, დაჭრილი
- 2 სუფრის კოვზი ფქვილი
- 6 ჭიქა ქათმის ბულიონი
- 1 ½ ჩაის კოვზი მარილი ან გემოვნებით
- ½ ჩაის კოვზი დაფქული თეთრი წიწაკა

ინსტრუქციები:

a) ქვაბში გაადნეთკარაქი ზომიერ ცეცხლზე
b) შეურიეთპრასი და ხახვის ნაჭრები კარაქითმოსასხმელად
c) დაფარეთტაფა და შეამცირეთცეცხლი
d) მოხარშეთნელა, დროდადრო ურიეთ10-15 წუთის განმავლობაში, სანამ ბოსტნეული არ გახდება ძალიან რბილი, მაგრამ არა შეღებილი.
e) პრასსა და ხახვს დავაფართოდ მოაყარეთფქვილი, მოურიეთ, რომ ფქვილი გადანაწილდეს
f) მოხარშეთ2 წუთის განმავლობაში ზომიერ ცეცხლზე
g) გადმოდგითცეცხლიდან და ცოტა ხნითმოხარშეთ
h) განუწყვეტლივ ურიეთ და უმატეთ2 ჭიქა ბულიონი
I) მიიყვანეთ ადუღებამდე
j) როცა სითხე გლუვი გახდება და შესქელებას დაიწყებს, აურიეთ დარჩენილი ბულიონი.
k) წვნიანი გააცხელეთ ადუღებამდე, დახურეთ ტაფა და შეამცირეთცეცხლი
l) ხარშეთდახლოებით20 წუთის განმავლობაში.
m) მიირთვით წვნიანი, დაფქვით დაბლენდერეთ ან დაფქვით სასურველკონსისტენციამდე მიირთვითცხელი

44. □სპის წვნიანი

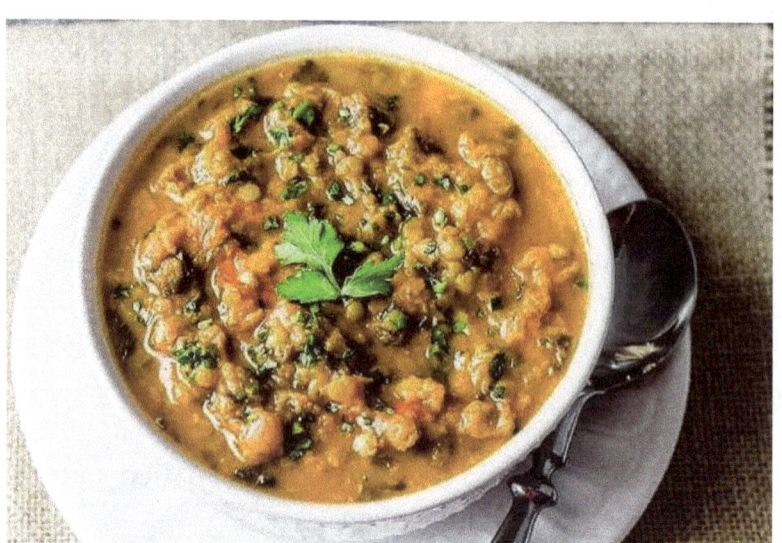

სუპისთვის:

- ½ ფუნტი ძეხვი
- 2 ჩაის კოვზი ზეთი
- 2 პრასი
- 1 ხახვი
- 1 სტაფილო
- ½ ჭიქა ქლიავის პომიდორი სითხით
- 1 ½ ჭიქა ოსპი
- 2 ლიტრი ქათმის ბულიონი
- მარილი და პილპილი გემოვნებით
- □ხრახუში

Scallion კრემისთვის

- 1 სუფრის კოვზი შერი ძმარი
- ½ ჭიქა დაჭრილი ხახვი
- 1 ჭიქა არაჟანი

ინსტრუქციები:

a) ძეხვი მოხარშეთ ოქროსფერამდე. დაამატეთ 1/4 ჭიქა ცივი წყალი და ადუღეთ სანამ სითხე არ გაქრება. ამოიღეთ და დააყენეთ

b) პრასის ფესვები მოჭერით და გაყავით სიგრძეზე, ჩამოიბანეთ რომ მოაცილოთ და შემდეგ წვრილად დაჭერით დიდ ქვაბში გავაცხელოთ ზეთი. დაუმატეთ პრასი, ხახვი და სტაფილო და მოურიეთ რომ ცხიმი შეიწოვოს და დაფარეთ მოხარშეთ დაბალ ცეცხლზე დახლოებით 8 წუთის განმავლობაში ან სანამ ბოსტნეული გამჭვირვალე გახდება. ბოსტნეულს დაამატეთ პომიდორი და ოსპი. ჩაასხით ბულიონი, მარილი, პილპილი და სოსისი. მიიყვანეთ ადუღებამდე და ადუღეთ დახლოებით 25 წუთის განმავლობაში. ოხრახუში შეურიეთ წვნიანს.

c) ხახვიანი კრემისთვის უბრალოდ შეურიეთ ყველა ინგრედიენტი. სუპის თავზე მიირთვით თოჯინა.

45. იამაიკური სკუშის წვნიანი

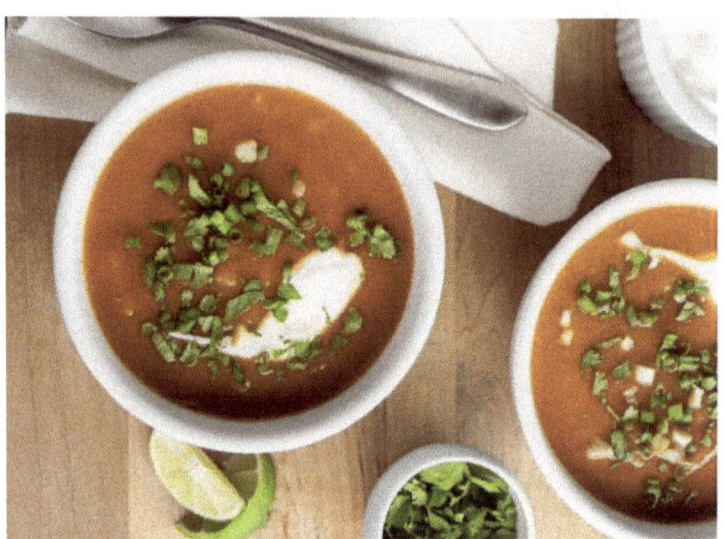

ქმნის4

ინგრედიენტები:

- 1 დიდი ხახვი, გახეხილი და დაჭრილი
- 1 სტაფილოგახეხილი და დაჭრილი
- 1 ხალაპენო, წიწაკა, ამოღებული თესლი, წვრილად დაჭრილი
- 3 სუფრის კოვზი კარაქი
- 2 ჩაის კოვზი დაფქული კუმინი
- 2 ჩაის კოვზი დაფქული ქინძი
- ½ ჩაის კოვზი დაფქული დარიჩინი
- ½ ჩაის კოვზი კაიენის წიწაკა
- ½ ჩაის კოვზი ჩილის ფხვნილი
- 1 დიდი სპაგეტი გოგრა, გაწმენდილი და კუბებად დაჭრილი
- ქათმის ბულიონი ბოსტნეულის დასაფარად დაახლოებით3 ჭიქა
- 1 ფორთოხლის წვენი
- 1 ლიმის წვენი

ანჩოს კრემი

- 2-დან 3 ანჩოს წიწაკა, განახევრებული, ღეროდა თესლი
- 6 სუფრის კოვზი ნუშის რძე
- 4 სუფრის კოვზი არაჟანი
- □არილი
- □იწაკა
- ლაიმის წვენი გემოვნებით

ინსტრუქციები:

a) დიდ მძიმე ქვაბში, კარაქში მოასხით ხახვი, სტაფილო და ჯალაპენოწიწაკა დარბილებამდე

b) დაამატეთცილი, ქინძი, დარიჩინი, კაიენი და ჩილის ფხვნილი

c) მოხარშეთკიდევ 2 წუთი დაბალცეცხლზე

d) დაამატეთგოგრა

e) დაასხითნარევი ბულიონი, ერთი ფორთოხლის წვენი და ცაცხვის წვენი, ადუღეთ სანამ გოგრა არ დარბილდება, დაახლოებით ½ საათი.

f) მიეცითსაშუალება გაგრილდეს

g) აურიეთ ნარევი პროცესორში ან გამოიყენეთ ჩაძირვის ბლენდერი

h) წვნიანი დააბრუნეთ ტაფაში, მოაყარეთ მარილი და პილპილი
i) გაათბეთ და საჭიროების შემთხვევაში შეცვალეთ სუნელი
j) მოტრიალეთ თანჩოკრუმში
k) გააფორმეთ ცოტაოდენი ნაღებით გათხელებული არაჟნით
l) მოათავსეთ წვნიანი თასის ცენტრში და კბილის ჩხირის გამოყენებით გადაიტანეთ ცენტრიდან გარეთ და შექმენით ვარსკვლავი ან ობობის ქსელი.

46. ქეთოკვერცხის წვნიანი

ქმნის: 1

ინგრედიენტები:

- 1 ½ ჭიქა ქათმის ბულიონი
- ½ კუბი ქათმის ბულიონი
- 1 სუფრის კოვზი კარაქი
- 2 დიდი კვერცხი
- 1 ჩაის კოვზი ჩილის ნივრის პასტა

ინსტრუქციები:

a) ტაფა დადგითგაზქურაზე და შედგითსაშუალო-მაღალცეცხლზე.
b) დაუმატეთ ქათმის ბულიონი, ბულიონის კუბიკი და კარაქი. მიიყვანეთადუღებამდე.
c) შეურიეთჩილის ნივრის პასტა.
d) ცალკე ათქვიფეთკვერცხები და ჩაამატეთადუღებულბულიონში.
e) საფუძვლიანადაურიეთდა მოხარშეთკიდევ 3 წუთი.
f) მიირთვით

47. იამაიკური კრევეტების წვნიანი

ქმნის: 2

ინგრედიენტები:

- 2 სუფრის კოვზი მწვანე კარის პასტა
- 1 ჭიქა ბოსტნეულის მარაგი
- 1 ჭიქა ქოქოსის რძე
- 6 უნცია. წინასწარმოხარშული კრევეტები
- 5 უნცია. ბროკოლის ყვავილები
- 3 სუფრის კოვზი კილანტრო, დაჭრილი
- 2 სუფრის კოვზი ქოქოსის ზეთი
- 1 სუფრის კოვზი სოიოს სოუსი
- ½ ლაიმის წვენი
- 1 საშუალო ზომის ხახვი, დაჭრილი
- 1 ჩაის კოვზი დაქუცმაცებული შემწვარი ნიორი
- 1 ჩაის კოვზი დაფქული ჯანჯაფილი
- 1 ჩაის კოვზი თევზის სოუსი
- ½ ჩაის კოვზი კურკუმა
- ½ ჭიქა არაჟანი

ინსტრუქციები:

a) საშუალო ზომის ქვაბში გაადნეთ ქოქოსის ზეთი.
b) დაამატეთ ნიორი, ჯანჯაფილი, ხახვი, მწვანე კარის პასტა და კურკუმა. დაამატეთ სოიოს სოუსი და თევზის სოუსი.
c) მოხარშეთ 2 წუთის განმავლობაში.
d) დაამატეთ ბოსტნეულის ბულიონი და ქოქოსის რძე და კარგად აურიეთ მოხარშეთ რამდენიმე წუთის განმავლობაში დაბალ ცეცხლზე.
e) დაუმატეთ ბროკოლის ყვავილედები და ცილანტრო და კარგად აურიეთ როგორც კი კარი ოდნავ შესქელდება.
f) როდესაც კარის კონსისტენციით დაკმაყოფილდებით დაამატეთ კრევეტები და ლაიმის წვენი და ყველაფერი აურიეთ
g) მოხარშეთ რამდენიმე წუთის განმავლობაში დაბალ ცეცხლზე. საჭიროების შემთხვევაში მოაყარეთ მარილი და პილპილი.

48. ჩაშუშული კალილუ

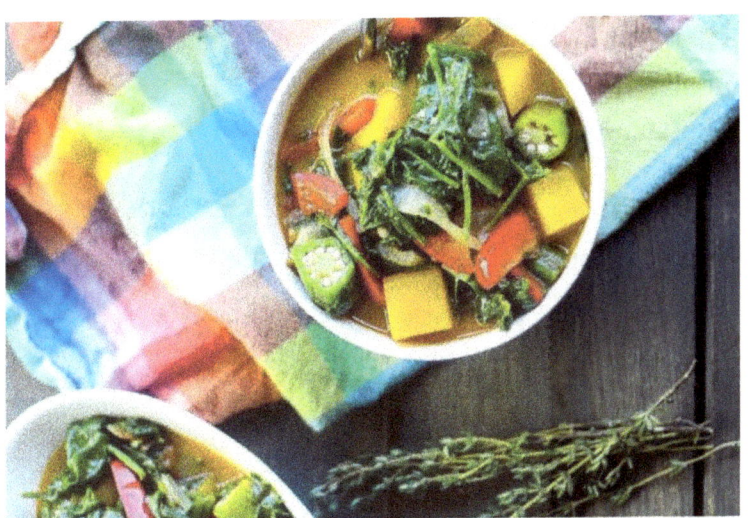

ინგრედიენტები:

- დაჭრილი კალდლის ფოთლები
- 3 სუფრის კოვზი მცენარეული ზეთი
- 2 დაფქული ნივრის კბილი
- 2 საშუალო ხახვი
- 1 ჭიქა ქოქოსის რძე
- □არილი
- □იწაკა
- ცხარე წიწაკის სოუსი

ინსტრუქციები:

a) მძიმე ქვაბში გავაცხელეთ ზეთი. დაამატეთ დაჭრილი ხახვი და ნიორი. როცა დარბილდება, დაუმატეთ კალის ფოთლები და ათქვიფეთ სანამ ზეთი არშეილებება და არგაფუჭდება.
b) დაუმატეთ ქოქოსის რძე იმდენი, რომ კალის დაფაროს. ხარშეთ მანამ, სანამ კალე რბილდა და რძის უმეტესი ნაწილი არ აორთქლდება.
c) დაამატეთ სანელებლები და მიირთვით როგორც ბოსტნეული.

49. ქოქოსის კრევეტების სუფი

ქმნის: 4

ინგრედიენტები:

- 600 გრამი უმი კრევეტები, გახეხილი
- 1 პატარა ხახვი დაჭრილი
- 2 საშუალო ზომის სტაფილო დაჭრილი
- 1 წითელი ბულგარული წიწაკა დაჭრილი
- 2-3 ჭიქა ისპანახი ან კალე, დაჭრილი
- 2 ხახვი დაჭრილი
- ერთი მუჭა მთელი ბამია
- 4 კბილი ნიორი დაფქული
- 1 სუფრის კოვზი დაფქული ჯანჯაფილი
- 1 ქილა ქოქოსის რძე
- 1 ლიტრი ბოსტნეულის ბულიონი
- 1 ჩაის კოვზი ზღვის პროდუქტების სუნელი
- 1 ჩაის კოვზი შავი პილპილი
- 5 ყლორტი ახალი თამი
- 2 ჩაის კოვზი ოხრახუში
- 1 სკოჩის კაპოტი
- ¼ ჩაის კოვზი წითელი ჩილის ფანტელები სითბოსთვის
- ახალი ლაიმის წვენის გამოწურვა
- ⅛ ჩაის კოვზი ჰიმალაის ვარდისფერი მარილი

- ქოქოსის ზეთი
- 1 სუფრის კოვზი ტაპიოკა შერეული 2 სუფრის კოვზ ცივი წყალთან უფრო სქელი სუპისთვის

ინსტრუქციები:

a) მოათავსეთ კრევეტები საშუალო ზომის თასში და გაატარეთ ზღვის პროდუქტების სანელებლებით შემდეგ გადადეთ

b) გააცხელეთ2 სუფრის კოვზი ქოქოსის ზეთი ღრმა ქვაბში საშუალო ცეცხლზე.

c) დაამატეთ ხახვი, ხახვი და ნიორი, შემდეგ მოშუშეთ სანამ რბილი და გამჭვირვალე გახდება.

d) დაუმატეთ სტაფილო, ნიორი, ბულგარული წიწაკა და ისპანახი და გააგრძელეთ ხარშვა 5 წუთის განმავლობაში

e) დაუმატეთ შავი პილპილი, ოხრახუში, თამი და ჩილის ფანტელები (თუ იყენებთ) და აურიეთ და შეუთავსეთ ბოსტნეულს.

f) ჩაასხით ბოსტნეულის ბულიონი და ქოქოსის რძე ქვაბში და მიიყვანეთ ადუღებამდე

g) დაამატეთ სკოჩის კაპოტი და შემდეგ შეამცირეთ სითბო დახურული სახურავით

h) ხარშეთ20 წუთის განმავლობაში

i) 15 წუთის შემდეგ დაუმატეთ ბამია და კრევეტები და აურიეთ ტაპიოკას პასტა, თუ გსურთ წვნიანი ოდნავ სქელი იყოს.

j) მთელ წვნიანს გაწურეთ ლიმი და დატოვეთ ადუღებამდე კიდევ 5 წუთი.

50. გუნგის ბარდის წვნიანი

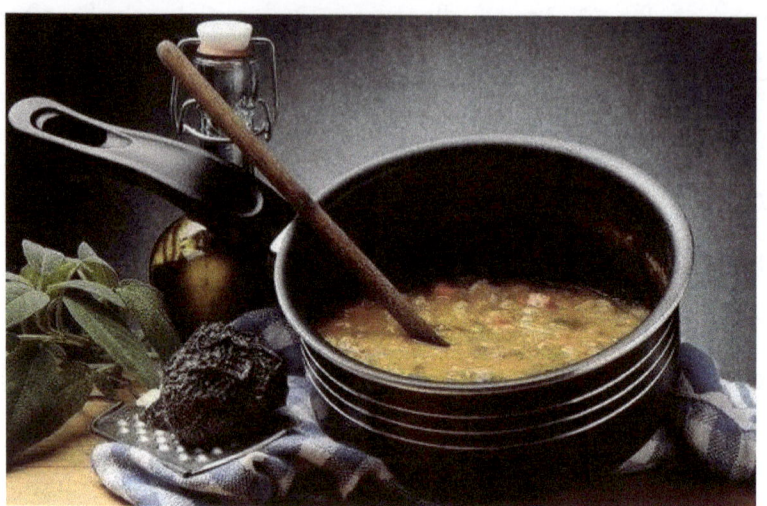

ქმნის 6-8

ინგრედიენტები:

- 2 ჭიქა (400 გრ) გამხმარი გუნგის ან მტრედის ბარდა
- 1 შებოლილი ლორი
- 2 საშუალო ზომის ხახვი, დაჭრილი დიდ ნაჭრებად
- 2 სტაფილო, დაჭრილი დიდ ნაჭრებად
- 1 ღერო ნიახური ფოთლებით
- 2 შოტლანდიური კაპოტი ან ხალაპენო წიწაკა, დათესილი და კუბებად დაჭრილი
- 1 კბილი ნიორი, დაჭრილი
- 1 დაფნის ფოთოლი
- 1 ჩაის კოვზი დაქუცმაცებული როზმარინის ახალი ფოთლები ან ¼ ჩაის კოვზი დაქუცმაცებული გამხმარი როზმარინი
- 1 პორცია სპინერები

ინსტრუქციები:

a) მოამზადეთ სპინერები

b) გარეცხეთ ბარდა და მოათავსეთ თასში. დაამატეთ იმდენი წყალი, რომ დაიფაროს და გააჩერეთ მთელი ღამით გადაწურეთ და გადადგით

c) დაამატეთ 6 ჭიქა წყალი ქვაბში და დაამატეთ ლორი, ხახვი, სტაფილო, ნიახური, წიწაკა, ნიორი, დაფნის ფოთოლი და როზმარინი. მიიყვანეთ ადუღებამდე, შეამცირეთ ცეცხლი დაბალ ცეცხლზე და ადუღეთ 45 წუთის განმავლობაში. გაწურეთ ბულიონი, შეინახეთ ლორი და გადაყარეთ ბოსტნეული. გამოაცალეთ ცხიმი მარაგიდან.

d) დააბრუნეთ ბულიონი და ლორის ჰოკი ქვაბში გაჟღენთილ ბარდასთან ერთად ხარშეთ დაბალ ცეცხლზე, სანამ ბარდა არ დარბილდება, დაახლოებით 2 საათი. ბარდის ნახევარი ამოიღეთ წვნიანიდან დაფქული კოვზით და მოურიეთ კვების პროცესორში.

e) დააბრუნეთ პიურე წვნიანში.

f) მომზადებული სპინერები დაუმატეთ წვნიანს და გაათბეთ

51. მომენტალური ქოთანი ოსპის გუმბო

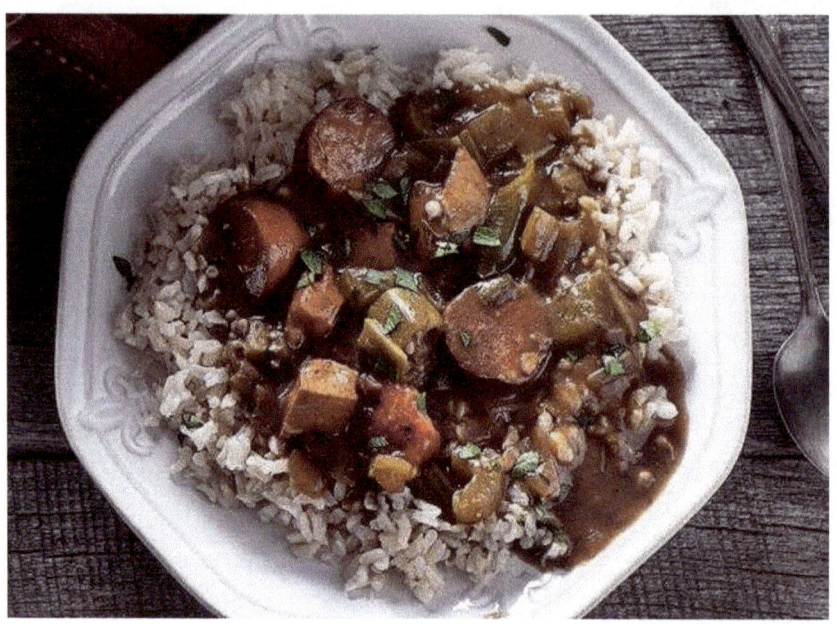

იღებს: 6

ინგრედიენტები:

- 1 ჭიქა ყვავილოვანი კომბოსტო, წვრილად დაჭრილი
- 1 ქილა უმარილო პომიდორი, კუბებად დაჭრილი
- 1 ჭიქა ოსპი
- 2 სუფრის კოვზი ვაშლის სიდრის ძმარი
- 1 ½ ჭიქა დაჭრილი ხახვი
- 2 ჭიქა ახალი ბამია, დაჭრილი
- 2 სუფრის კოვზი ბოსტნეულის ბულიონი
- 1 ჩაის კოვზი Cajun mix spice
- 1 წითელი ბულგარული წიწაკა, დაჭრილი
- ½ ჭიქა ტომატის სოუსი
- 1 ჩაის კოვზი დაფქული ნიორი
- 3 ჭიქა ბოსტნეულის ბულიონი
- 2 ნიახურის ნეკნი, დაჭრილი
- ½ სუფრის კოვზი ახალი ორეგანო
- 1 სუფრის კოვზი ახალი ხახვი
- ½ ჩაის კოვზი კაიენი
- კოშერის მარილი გემოვნებით
- დაჭრილი ხალაპენო და ახალი კილანტრო დეკორაციისთვის
- Slurry შესქელება

ინსტრუქციები:

a) ქვაბში მოშუშეთ ბოსტნეულის ბულიონი, ხახვი, ნიორი, ბულგარული წიწაკა და ნიახური 5 წუთის განმავლობაში, სანამ არ დარბილდება და არომატული გახდება.

b) დაამატეთ სანელებლები და კვლავ აურიეთ 1 წუთის განმავლობაში.

c) დაამატეთ დარჩენილი ინგრედიენტები მარილისა და პილპილის გარდა, შემდეგ აურიეთ

d) დახურეთ თავსახური წნევის გაზქურაზე და დააყენეთ მოხარშვა მინიმუმ 12 წუთის განმავლობაში. ბუნებრივი გამოშვება საუკეთესოდ მუშაობს იმისთვის, რომ ოსპი მთლიანად

მოხარშული იყოს. მაგრამ თუ შეკვრაში ხართ და ფრუთგამწოვი ქსოვილით შემდეგ სწრაფად გაათავისუფლეთ
e) მომზადების შემდეგ დაუმატეთ ½ ჩაის კოვზი მარილი და პილპილი. აურიეთ და გააჩერეთ თბილად 10 წუთის განმავლობაში, სანამ გუმბო არ გახდება სქელი კონსისტენცია. (გუმბოს მომზადებისას ზედმეტი მარილი არ მოაყაროთ).
f) მოამზადეთ თასებში მიტანისთვის და მორთეთ ხალაპენიოებით ახალი კილანტროთ და წითელი წიწაკის ფანტელებით

52. ალასკის რვაფეხა გუმბო

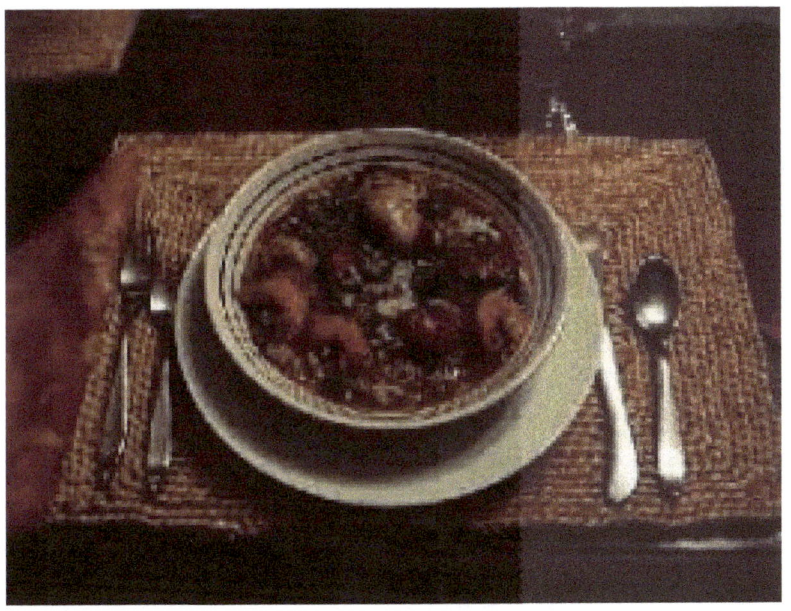

მოსავალი: 4 პორცია

ინგრედიენტები:
½ ჭიქა კუბებად დაჭრილი ბეკონი
2 ჭიქა წყალი
1 ლიტრი ახალი ოხრახუში, ორთქლზე მოხარშული დარბილებამდე
2 ჭიქა ისევ მოხარშული ორთქლზე მოხარშული ბრინჯი
1 ფუნტი დაკონსერვებული პომიდორი
1 შეიძლება ბამია
½ ჭიქა დაჭრილი ხახვი
1 კუბებად დაჭრილი მწვანე წიწაკა
¼ ჩაის კოვზი კაიენი
½ ჭიქა კუბებად დაჭრილი ნიახური
მარილი და პილპილი გემოვნებით

ადუღეთ ბეკონი წყალში 15 წუთის განმავლობაში, შემდეგ დაამატეთ დანარჩენი ინგრედიენტები. ერთი დახარშეთ ათი წუთის განმავლობაში. მიირთვით თბილ სიმინდის პურთან ერთად

53. გამომცხვარი ბოსტნეულის გუმბო კრეოლი

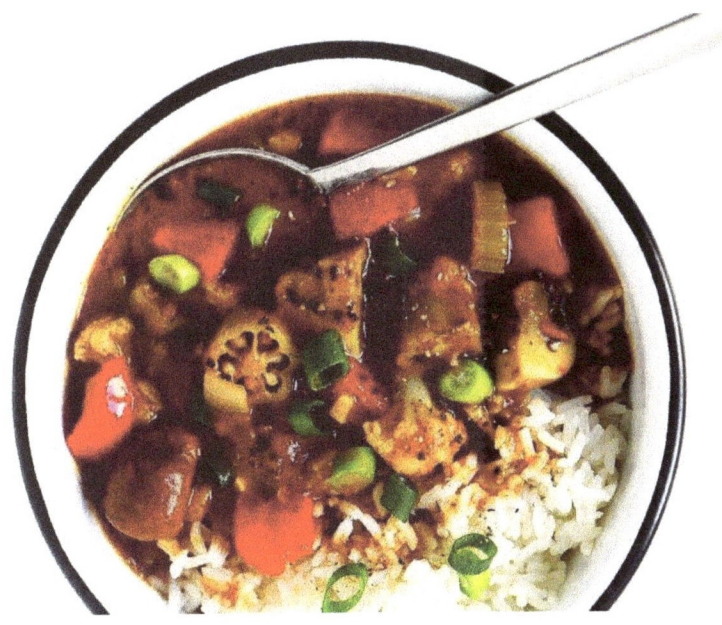

მზადდება: 10 პორცია

ინგრედიენტები:
1 ფუნტი ახალი ბამია, დაგ. დაჭრილი
2 შეკვრა გაყინული დაჭრილი ბამია (10 უნცია)
მდუღარე მარილიანი წყალი
1 ნეკნი ნიახური, დაგრძალდ დაჭრილი
2 ბულგარული წიწაკა, ზოლებად
2 შეკვრა გაყინული ლიმას ლობიო(10 უნცია)
8 ყური ახალი სიმინდის მარცვლები
2 შეკვრა გაყინული სიმინდი, გაყინული (10 უნცია)
კარაქი ან მარგარინი
პურის ნამსხვრევები
1 პატარა ხახვი, დაჭრილი
4 მწიფე პომიდორი, დაჭრილი
2 ცალი სერანოჩილი, თხლად დაჭრილი
1 ჩაის კოვზი დაჭრილი ახალი რეჰანი
½ ჩაის კოვზი გამხმარი რეჰანი, დამსხვრეული
მარილი გემოვნებით
შავი პილპილი გემოვნებით
½ ჭიქა გახეხილი მონტერეი ჯეკი

ინსტრუქციები:
a) მოვლედ მოხარშეთ ახალი ბამია მდუღარე მარილიან წყალში; გადინება.
b) გაასუფთავეთ ნიახური მდუღარე მარილიან წყალში.
c) დაუმატეთ ბულგარული წიწაკა და ლიმას ლობიო და მოხარშეთ სანამ არ დარბილდება; ბოლო 30 წამის განმავლობაში დაუმატეთ სიმინდი (ზედმეტად არ მოხარშოთ), შემდეგ გადაწურეთ ბოსტნეული.
d) დდ საცხობ ჭურჭელს წაუსვით კარაქი და მოაყარეთ პურის ნამსხვრევები; დაუმატეთ სიმინდის ლობიოს ნარევის ფენა და ბამია.
e) შეურიეთ ხახვი, პომიდორი და რეჰანი; კოვზი ხახვი-ტომატის ნარევი კერძის ქვედა ფენაზე.

f) მოაყარეთ ჩილი და მოაყარეთ მარილი და პილპილი.

g) მოასხით კარაქი და მოაყარეთ პურის ნამსხვრევები.

h) გაიმეორეთ ფენების დაფენა, სანამ ქვაბი არ გაივსება.

i) ზემოდან მოაყარეთ ბამიის ფენა, რომელიც ნამსხვრევებში ჩაყარეს და მსუბუქად შეწვით კარაქში; სურვილისამებრ თანაბრად მოაყარეთ გახეხილი ყველი.

j) გამოაცხვეთ 300'-ზე წინასწარ გახურებულ ღუმელში 1 საათის განმავლობაში.

54. კაჯუნი ლოქოს გუმბო

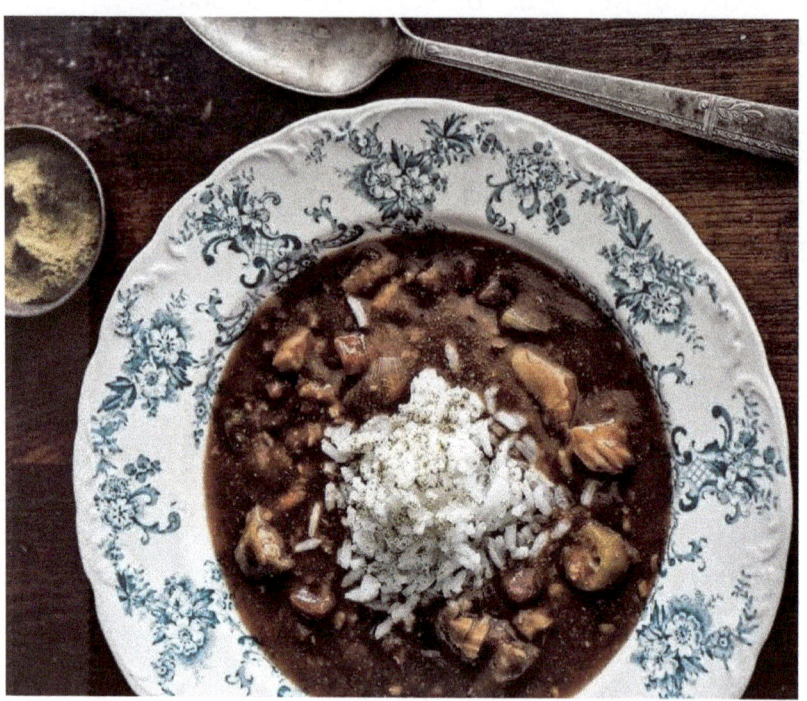

მზადდება: 10 პორცია

ინგრედიენტები:

2 ჭიქა დაჭრილი ხახვი
2 ჭიქა მწვანე ხახვი; დაჭრილი *
1 ჭიქა დაჭრილი ნიახური
½ ჭიქა ბულგარული წიწაკა; დაჭრილი
6 კბილი ნიორი; დაჭრილი
6 7 უნცია კატის თევზის ფილე; ჩაჭრა
3 7 უნცია კატის ფილე; ქ
1 ფუნტი კრაბის ხორცი; (კლანჭები)
1 ფუნტი კრევეტები; (გახეხილი)
1½ ჭიქა ზეთი
1½ ჭიქა ფქვილი
4 ლიტრი ცხელი წყალი
□არილი; გასინჯვა
კაიენის წიწაკა; გასინჯვა
* გამოცალკევეთდა შეინახეთმწვანილი.

ინსტრუქციები:

a) ცალკე ქვაბში მოხარშეთ 3 (7 უნცია) კატის ფილე 1 ლიტრი ოდნავ მარილიან წყალში 15 წუთის განმავლობაში. გადაწურეთ ყველის ქსოვილით და შეინახეთ სითხე. დაჭერით ლუქი და შეინახეთ ხორცი. მძიმე ქვედა ქვაბში ჩაასხით ზეთი და ფქვილი. მოხარშეთ საშუალო ცეცხლზე, მუდმივად აურიეთ, სანამ ოქროსფერი არ გახდება. სიფრთხილე, არ დაწვათ! დაამატეთ ყველა სანელებელი, გარდა მწვანე ხახვის ზედა ნაწილისა. შეწვით 5 წუთის განმავლობაში.

b) დაამატეთ თევზის მთელი მარაგი და დაჭრილი ლუქი. ჩაასხით ცხელი წყალი თითო-თითო ჭიქა, სანამ სქელი სუპის კონსისტენცია არ მიიღწევა. დაამატეთ კლანჭის კრაბის ხორცი და კრევეტების ნახევარი. შეამცირეთ ადუღებამდე. მოხარშეთ დაახლოებით 45 წუთი, დროდადრო აურიეთ დაამატეთ ლუქი, დარჩენილი კრევეტები და მწვანე ხახვი. მოხარშეთ 10-15 წუთი. შეაზავეთ გემოვნებით მარილით და კაიენის პილპილით საჭიროების შემთხვევაში დაამატეთ წყალი მოცულობის შესანარჩუნებლად მიირთვით თეთრ ბრინჯზე.

55. კომბოსტოს და ლორის ღუმელი

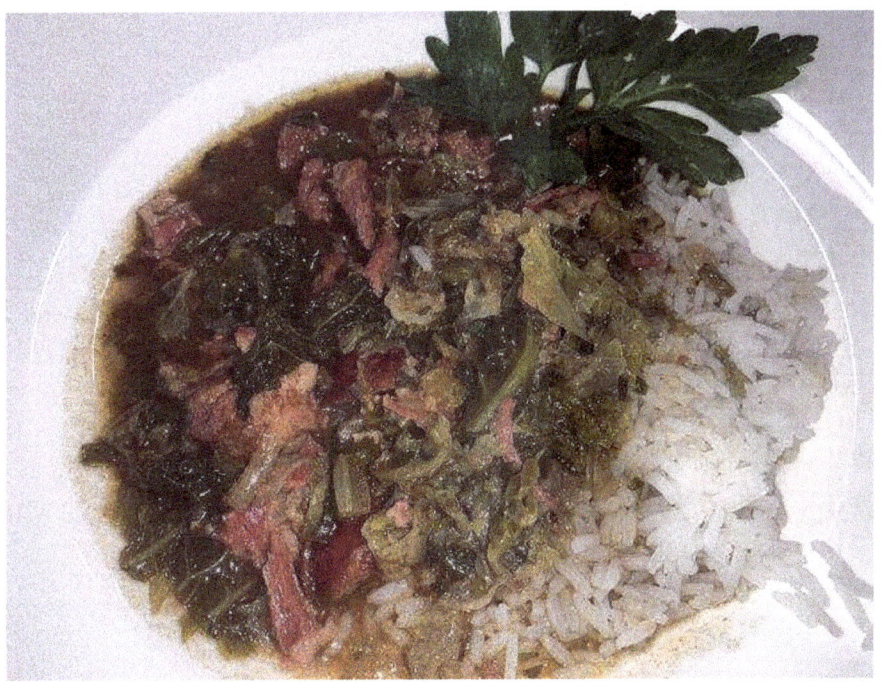

მზადდება: 4 პორცია

ინგრედიენტები:

- 1 ჭიქა მცენარეული ზეთი
- 1 ჭიქა ფქვილი
- 1½ ჭიქა დაჭრილი ხახვი
- 1 ჭიქა დაჭრილი ნიახური
- 1 ჭიქა დაჭრილი ბულგარული წიწაკა
- 4 ჭიქა ძიძლიენირებული სავოის კომბოსტო
- 2 ფუნტი შებოლილი ღორის წიპწები
- 1½ ჩაის კოვზი მარილი
- ¼ ჩაის კოვზი კაიენის წიწაკა
- 3 დაფნის ფოთოლი
- 7 ჭიქა ქათმის ბულიონი
- 1 სუფრის კოვზი ემერილის ესენცია
- 2 სუფრის კოვზი დაჭრილი ოხრახუში
- ½ ჭიქა დაჭრილი მწვანე ხახვი
- 1 სუფრის კოვზი ფაფის ფხვნილი
- 2 ჭიქა მოხარშული თეთრი ბრინჯი

ინსტრუქციები:

a) შეურიეთ ზეთი და ფქვილი დიდ თუჯის ან ემალირებულ თუჯის ჰოლანდიურ ღუმელში, საშუალო ცეცხლზე. ნელა და განუწყვეტლივ ურიეთ 20-დან 25 წუთის განმავლობაში, გააკეთეთ მუქი ყავისფერი რუხი, შოკოლადის ფერი. დაუმატეთ ხახვი, ნიახური და ბულგარული წიწაკა და განაგრძეთ მორევა 4-დან 5 წუთის განმავლობაში, ან სანამ არ გაფუჭდება. დაამატეთ კომბოსტო და გააგრძელეთ შეწვა 2 წუთის განმავლობაში. დაამატეთ ღორი, მარილი, კაიენი და დაფნის ფოთლები. გააგრძელეთ მორევა 3-4 წუთის განმავლობაში. დაამატეთ მარაგი და Emeril's Essence. ურიეთ მანამ, სანამ რუქსის ნაზავი და ბულიონი კარგად არ გაერთიანდება. მიიყვანეთ ადუღებამდე, შემდეგ შეამცირეთ სითბო საშუალო-დაბალზე. მოხარშეთ თავდახურული, დროდადრო აურიეთ 2½ საათის განმავლობაში. ამოიღეთ ცხიმი, რომელიც

ზედაპირზე ამოდის. გააგრძელეთ ხარშვა 30 წუთის განმავლობაში. გადმოდგით ცეცხლიდან.
b) შეურიეთ ოხრახუში, მწვანე ხახვი და ფაფის ფქვნილი. მოაცილეთ დაფნის ფოთლები და ღორის წიპწები. ხორცი დაჭერით ღეროებიდან და მოათავსეთ ხორცი ისევ ღუმელში. მიირთვით ღრმა თასებში ბრინჯთან ერთად

56. ქათმის ბამია გუმბოზარის სტილში

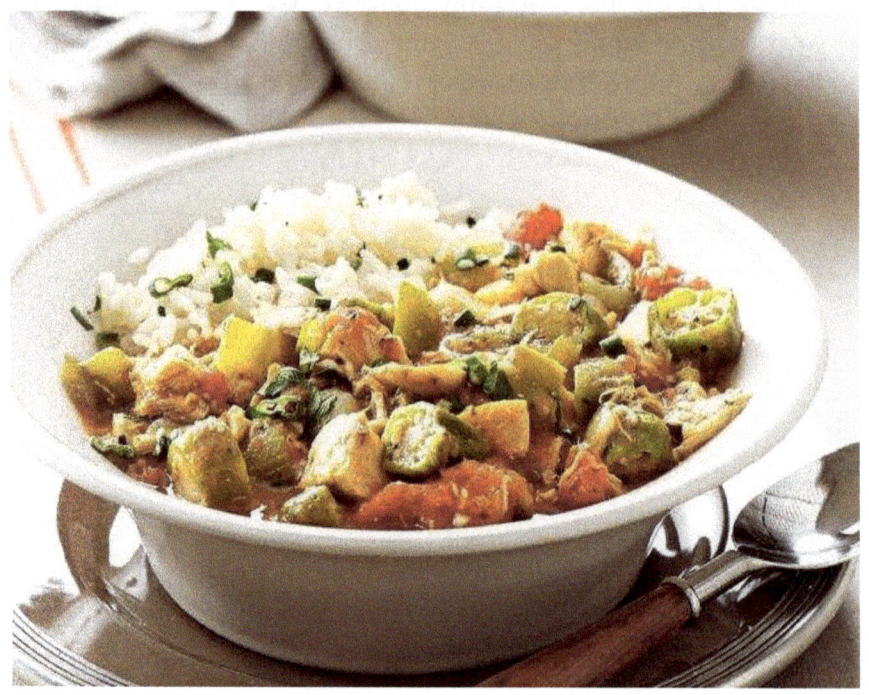

მზადდება: 12 პორცია

ინგრედიენტები:

¼ ფუნტი მარილი ღორის ხორცი
1 შემწვარი ქათამი, დაჭრილი
□ქვილი
3 სუფრის კოვზი კარაქი
1 თავი ხახვი, დიდი, რბილი, გახეხილი/დაჭრილი
20 ბამია *
6 პომიდორი, დიდი, ახალი, დაჭრილი
1 წითელი წიწაკა, ცხელი **
3 ოხრახუშის ყლორტი, დაჭრილი
1 დაფნის ფოთოლი
3 ლიტრი წყალი, საჭიროების შემთხვევაში მეტი
მარილი გემოვნებით
წიწაკა გემოვნებით
2 სუფრის კოვზი ფქვილი (სურვილისამებრ)
მოხარშული თეთრი ბრინჯი

* - ბამია შეიძლება იყოს ახლად დაჭრილი ან 10 უნცია შეფუთვა გაყინული ბამია, რომელიც საკმარისად გალღობილია, რომ განცალევდეს ბამიის ნაჭრები.

** - ამოღებულია თესლი და წვრილად დაჭრილი.

ინსტრუქციები:

a) ღორის მარილი გარეცხეთ ცივ წყალში, რომ ზედმეტი მარილი ჩამოიბანოთ გააშრეთ და დაჭერით პატარა კუბებად
b) მოათავსეთ დიდ მძიმე წვნიან ქურქელში და მოხარშეთ დაბალ ცეცხლზე, სანამ ცხიმი არ მოიხარშება. ამოიღეთ გახეხილი ღორის კამათელი და გადაწურეთ ქაღალდის პირსახოცზე. დააყენეთ განზე.
c) ქათმის ნაჭრები გაამშრალეთ ქაღალდის პირსახოცით და მსუბუქად გაწურეთ ფქვილით თითოეულ ნაჭერს დაჭერით ფქვილი, შემდეგ აურიეთ ზედმეტი. გაათბეთ მარილიანი ღორის ხორცი თითქმის მოწევამდე. ფქვილმოყრილი ქათმის ნაჭრები ცხელ

ცხიმში შეწვით რამდენიმეჯერ ამოიღეთ როგორც შეწითლებული და გადადგით

d) დასხით და გადაყარეთ ცხიმი. სუპის ქვაბში ჩაამატეთ კარაქი და დადგით დაბალ ცეცხლზე. როცა გადნება, დაუმატეთ ხახვი და ბამია და მოშუშეთ ხშირად ურიეთ ხის კოვზით სანამ ხახვი დარბილდება. ფრთხილად იყავით რომ ბამია არ დაიწვას.

e) დააბრუნეთ ქათამი ქვაბში და დაამატეთ დარჩენილი ინგრედიენტები მარილისა და პილპილის და სურვილისამებრ ფქვილის გარდა. ადუღეთ დახლოებით 1-½ საათი, საჭიროების შემთხვევაში დაამატეთ წყალი. გადმოდგით ცეცხლიდან. ამოიღეთ და გადააგდეთ დაფნის ფოთოლი. ქათმის ნაჭრებს მოაცილეთ კანი და ძვალი და დააბრუნეთ ხორცი ქვაბში. საჭიროების შემთხვევაში გაათბეთ თუ სასურველია, გასქელეთ ნარევი 1-2 სუფრის კოვზი ფქვილით აურიეთ პასტის სახით დახლოებით ½ ჭიქა ცივი წყლით და აურიეთ დაბალ ცეცხლზე დამატებით 10-15 წუთის განმავლობაში.

f) ჩაასხით წვნიანის თეფშებში ახლად მოხარშული, ფუმფულა თეთრი ბრინჯის ბორცვებზე. თითოეულ პორციას მოაყარეთ გახეხილი ლორის კამათელი.

ჯამბალია

57. ჩაშუშული ბატი და ფუა გრას ჯამბალაია

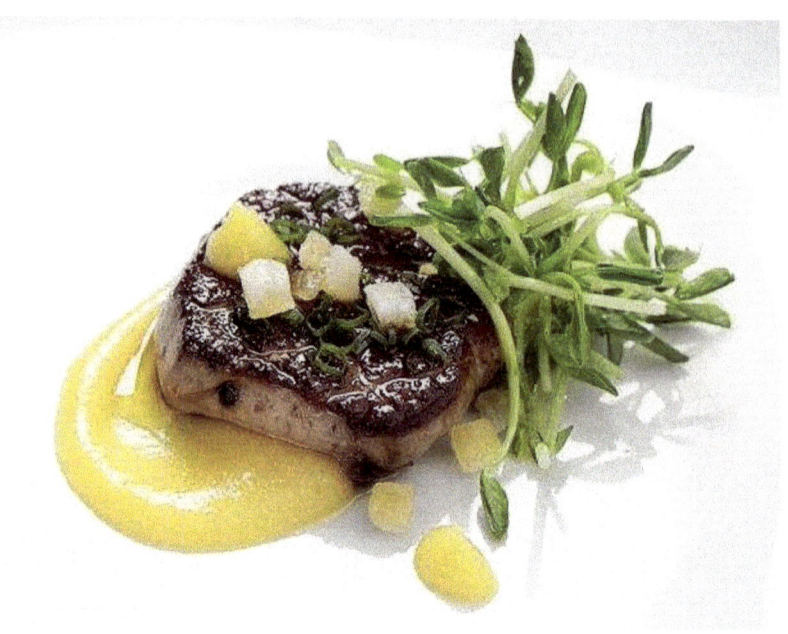

იღებს 4-6 პორციას

ინგრედიენტები:

1 ჭიქა ბატის ხორცი
6 უნცია ფუა-გრა, დაჭრილი
12 კბილი ნიორი, გახეხილი და დაფქული
1 თავი ხახვი, საშუალო კუბებად დაჭრილი
2 მწვანე ბულგარული წიწაკა, საშუალო კუბებად დაჭრილი
6 ცალი ნიახურის ღერო, საშუალო კუბებად დაჭრილი
2 დაფნის ფოთოლი
1 ჩაის კოვზი კაიენის წიწაკა
4 სუფრის კოვზი კოშერის მარილი, ან გემოვნებით
½ ჭიქა წითელი ღვინო
2 ჭიქა ბრინჯი
4 ჭიქა ფრინველის ბულიონი
1 სუფრის კოვზი დაჭრილი ახალი სალბი
1 სუფრის კოვზი დაჭრილი ახალი thyme

ინსტრუქციები:

a) ბატის ხორცი მოხარშეთ საშუალო ტაფაზე მაღალ ცეცხლზე, აურიეთ სანამ არ დაიბრაწება. შეამცირეთ ცეცხლი დაბალ ცეცხლზე, დაამატეთ მცირე რაოდენობით წყალი, მჭიდროდ დახურეთ თავსახური და მოხარშეთ ხორცის რბილობამდე, დახლოებით1-2 საათის განმავლობაში.

b) დადგით მძიმე ძირის შემწვარი ტაფა საშუალო და მაღალ ცეცხლზე. დაუმატეთ ფუა-გრა ტაფაში და აურიეთ რომ გადნება 5 წამის განმავლობაში. დაუმატეთ ნიორი, ხახვი, ბულგარული წიწაკა, ნიახური, დაფნის ფოთოლი, კაიენი და მარილი. თანაბრად აურიეთ ხის კოვზით3–5 წუთის განმავლობაში ან სანამ ხახვი გამჭვირვალე გახდება და ბოსტნეული რბილია და არ დაიწყებს შეყავისფრებას.

c) დაუმატეთ ღვინო და განუწყვეტლივ ურიეთ რომ ტაფა მინანქრის გამოძქლევნდეს, სითხე მთლიანად აორთქლდეს.
d) დაუმატეთ ხორცი, ბრინჯი და ბულიონი და მიიყვანეთ ჯამბალია ადუღებამდე. შეამცირეთ ცეცხლი, დააფარეთ ტაფა და ადუღეთ 10 წუთის განმავლობაში. გამორთეთ ცეცხლი, ტაფა თავდახურული გააჩერეთ და განაგრძეთ ორთქლზე მოხარშვა, სანამ ბრინჯი ბოლომდე არ მოიხარშება. ბრინჯი ჩანგლით აურიეთ დაუმატეთ სალბი და ხახვი.

58. ბადბარჩის შავი ჯამბალია

ილებს 10-12 პორციას

ინგრედიენტები:

- 1/4 ჭიქა მცენარეული ზეთი
- 1 ფუნტი ლურჯანას შებოლილი მეხვი, როგორიცაა ანდუი, შაურისი ან მწვანე ხახვი, დაჭრილი 1/4 ინჩის სისქის მრგვალებად
- 1 დიდი ხახვი, კუბებად დაჭრილი
- 3 ცალი ნიახურის ღერო, კუბებად დაჭრილი
- 2 პობლანოწიწაკა, კუბებად დაჭრილი
- 1/4 ჭიქა დაფქული ნიორი
- ½ ფუნტი შებოლილი ღორის კონდახი
- ½ ფუნტი შებოლილი ქათმის ბარძაყები
- 1 (12 უნცია) ქილა შავთვალა ბარდა
- 4 ჭიქა ბულიონი, სასურველია ღორის ხორცი
- 2 სუფრის კოვზი დაჭრილი ახალი ორეგანო
- 2 სუფრის კოვზი დაჭრილი ბრტყელფოთლიანი ოხრახუში
- 2 სუფრის კოვზი დაჭრილი ახალი thyme
- 1 სუფრის კოვზი კოშერის მარილი
- 1 ჩაის კოვზი ახლადდაფქული შავი პილპილი
- 1 ჩაის კოვზი კაიენის წიწაკა
- 2 ჭიქა ბიძია ბენის გრძელმარცვლოვანი ბრინჯი

ინსტრუქციები:

a) დიდ მძიმე ქვაბში, სასურველია შავი თუჯის, გააცხელეთ ზეთი საშუალო ცეცხლზე. დაუმატეთ სოსისი და მოხარშეთ სანამ არ დაიხვევა. დაუმატეთ ხახვი, ნიახური, წიწაკა და ნიორი და მოშუშეთგამჭვირვალემდე. დაამატეთლორის ხორცი და მოხარშეთ 5 წუთის განმავლობაში, ხშირად აურიეთ დაამატეთ ქათამი და მოხარშეთკიდევ 5 წუთი. დაუმატეთშავთვალა ბარდა და მოხარშეთ კიდევ 5 წუთი.

b) დაუმატეთ ბულიონი და მიიყვანეთ ადუღებამდე. დაამატეთ მწვანილი და სანელებლები, შემდეგ ბრინჯი და მიიყვანეთ ადუღებამდე. დაფარეთ და მოხარშეთ დაბალ ცეცხლზე, სანამ ბრინჯი არ მოიხარშება, დაახლოებით30 წუთი.

59. ქათმი, კრევეტები და სოსისი ჯამბალდია

იღებს 6-8 პორციას

ინგრედიენტები:

- 1 ქათამი, დაჭრილი 10 ნაწილად მკერდი გაყავით მეოთხედად მარილი, ახლად დაფქული შავი პილპილი და კრეოლური სუნელი გემოვნებით
- 1/4 ჭიქა მცენარეული ზეთი
- 1 ფუნტი შებოლილი ძეხვი, სასურველია ლორის ხორცი, დაჭრილი 1/4 ინჩის სისქის მრგვალებად
- 1 დიდი ხახვი, დაჭრილი
- 6 მწვანე ხახვი, დაჭრილი, მწვანე და თეთრი ნაწილები გამოყოფილი
- 1 მწვანე ბულგარული წიწაკა, დაჭრილი
- 2 ცალი ნიახურის ღერო, დაჭრილი
- 4 კბილი ნიორი, დაჭრილი
- 3 ჭიქა წყალი, ან მეტი საჭიროებისამებრ
- ½ ჩაის კოვზი მარილი
- ½ ჩაის კოვზი ახლადდაფქული შავი პილპილი
- 1 სუფრის კოვზი კრეოლური სუნელი
- 1 ½ ჭიქა გრძელმარცვლოვანი თეთრი ბრინჯი
- 2 ფუნტი კრევეტი, გახეხილი და გახეხილი, ან 1 ფუნტი საშუალოდ გახეხილი და გახეხილი გაყინული კრევეტები, გალღობილი
- 1/3 ჭიქა დაფქული იტალიური ბრტყელფოთლიანი ოხრახუში

ინსტრუქციები:

a) გარეცხეთ ქათმის ნაჭრები და გააშრეთ ყველა მხრიდან მოაყარეთ მარილი, ახლად დაფქული შავი პილპილი და კრეოლური სუნელი. გააცხელეთ ზეთი დიდ მძიმე ქვაბში. როცა გაცხელდება, შეწვით ქათამი ყველა მხრიდან და გადაიტანეთ ქაღალდის პირსახოცებზე. ძეხვი შეწვით და ამოიღეთ ქვაბიდან.

b) საჭიროების შემთხვევაში დაამატეთ ზეთი იმდენი, რომ ქვაბის ძირი დაიფაროს. დაუმატეთ ხახვი, მწვანე ხახვის თეთრი ნაწილები, ბულგარული წიწაკა და ნიახური და მოშუშეთ გამჭვირვალემდე. დაუმატეთ ნიორი და მოშუშეთ კიდევ ერთი წუთი.

დაამატეთ წყალი და სანელებლები და მიიყვანეთ ადუღებამდე მაღალ ცეცხლზე. დაუმატეთ ბრინჯი, დახურეთ თავსახური და შეამცირეთ ცეცხლი დაბალ ცეცხლზე. ხარშეთ 20 წუთის განმავლობაში. ნაზად აურიეთ კრევეტები (ამ დროს ქოთნის ძირში კიდევ უნდა იყოს სითხე. თუ არა, კრევეტების მოშუშვისას დაამატეთ1/4 ჭიქა წყალი დასატენიანებლად), მწვანე ხახვი და ოხრახუში და ადუღეთ კიდევ 10 წუთი, ან სანამ წყალი არ შეიწოვება. ნაზად ურიეთ ისე, რომ ინგრედიენტები არ დაიშალოს.
c) მიირთვით ცხელი ცხელ ფრანგულ პურთან და სალათთან ერთად და გვერდით ლუიზიანას ცხარე სოუსით

60. კიზოდ სრისი ჯამბალდია

იღებს 8-10 პორციას

ინგრედიენტები:

- 3 სუფრის კოვზი მცენარეული ზეთი
- 1 საშუალო ხახვი, დაჭრილი
- 1 კონა მწვანე ხახვი, დაჭრილი, თეთრი და მწვანე ნაწილები გამოყოფილი
- 1 მწვანე ბულგარული წიწაკა, დაჭრილი
- 2 ცალი ნიახურის ღერო, დაჭრილი
- 3 კბილი ნიორი, დაჭრილი
- 1 ფუნტი შებოლილი ძეხვი, დაჭრილი 1/4 ინჩის სისქის მრგვალებად
- 1 (14,5 უნცია) ქილა დაჭრილი პომიდორი
- 1 სუფრის კოვზი ტომატის პასტა
- 3 ჭიქა ზღვის პროდუქტების ბულიონი, სასურველია, ან ქათმის ბულიონი ან წყალი
- ½ ჩაის კოვზი ხმელი თამი
- 1/4 ჩაის კოვზი კრეოლური სუნელი
- ½ ჩაის კოვზი მარილი
- ½ ჩაის კოვზი ახლადდაფქული შავი პილპილი
- 1 ჩაის კოვზი Worcestershire სოუსი
- 1 ½ ჭიქა ბრინჯი
- 1 ფუნტი ლუზიანას კრევის კუდები ცხიმით
- 2 სუფრის კოვზი დაჭრილი ბრტყელფოთლიანი ოხრახუში

ინსტრუქციები:

a) გააცხელეთ ზეთი დიდ მძიმე ქვაბში. დაუმატეთ ხახვი, მწვანე ხახვის თეთრი ნაწილები, ბულგარული წიწაკა და ნიახური და მოშუშეთ გამჭვირვალემდე. დაუმატეთ ნიორი და ძეხვი და მოშუშეთ კიდევ რამდენიმე წუთი. დაამატეთ პომიდორი, ტომატის პასტა და ბულიონი და მიიყვანეთ ადუღებამდე. დაუმატეთ სანელებლები ოხრახუშის გარდა, შეამცირეთ ცეცხლი დაბალ ცეცხლზე, დახურეთ თავსახური და ადუღეთ 5 წუთის განმავლობაში. დააბრუნეთ ადუღებამდე და დაამატეთ ბრინჯი. კვლავ შეამცირეთ ცეცხლი და ხარშეთ თავდახურული 10 წუთის განმავლობაში. დაუმატეთ კიბო და მწვანე ხახვის ზედა ნაწილი და ადუღეთ სანამ სითხე არ შეიწოვება, კიდევ 20 წუთი. გადმოიღეთ ცეცხლიდან და ზემოდან მოაყარეთ ოხრახუში.

61. პასტალია

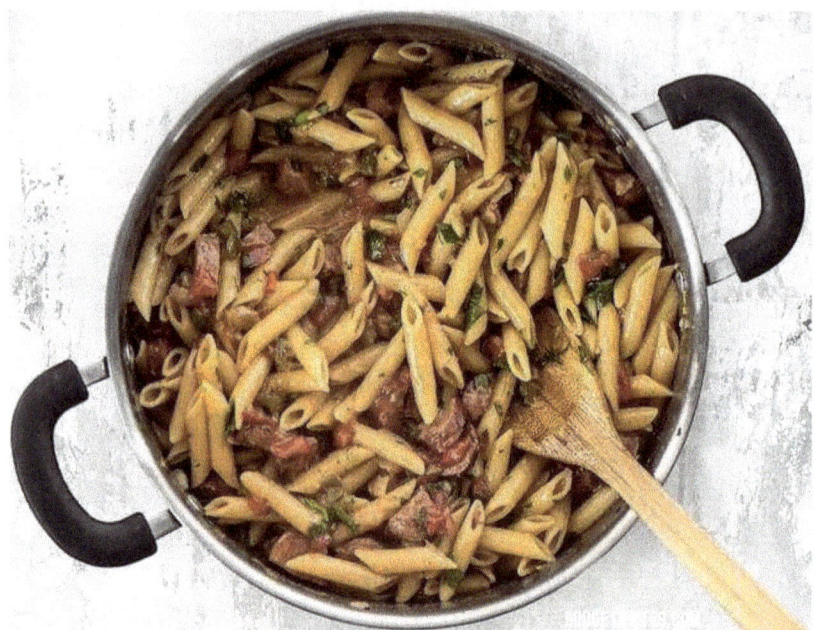

იღებს 6-8 პორციას

ინგრედიენტები:

- 3 სუფრის კოვზი მცენარეული ზეთი, როგორიცაა კანოლა
- ½ ფუნტი შებოლილი ძეხვი, დაჭრილი ½ ინჩის სისქის მრგვალებად
- 2 ქათმის მკერდი ძვლის გარეშე, კუბიკებად დაჭრილი
- 1 დიდი ხახვი, დაჭრილი
- ½ მწვანე ბულგარული წიწაკა, დაჭრილი
- 2 ცალი ნიახურის ღერო, დაჭრილი
- 6 მწვანე ხახვი, დაჭრილი
- 3 დიდი კბილი ნიორი, დაჭრილი
- 1 (14,5 უნცია) ქილა დაჭრილი პომიდორი
- 3 ჭიქა ქათმის ბულიონი, ხელნაკეთი ან დაკონსერვებული
- ½ ჩაის კოვზი ხმელი თამი
- ½ ჩაის კოვზი კრეოლური სუნელი
- მარილი და ახლადდაფქული შავი პილპილი გემოვნებით
- 12 უნცია სპაგეტი ან სხვა მაკარონი

ინსტრუქციები:

a) დიდ მძიმე ქვაბში გააცხელეთ ზეთი ცხელამდე. შეწვით ძეხვი ორივე მხრიდან მაღალ ცეცხლზე და გადმოდგით ქვაბიდან. ქათმის კუბიკები შეწვით და გადმოიღეთ ქვაბიდან. შეამცირეთ ცეცხლი საშუალო ცეცხლზე, მოშუშეთ ხახვი, ბულგარული წიწაკა, ნიახური და მწვანე ხახვი, სანამ არ გაფუჭდება. დაუმატეთ ნიორი და მოშუშეთ კიდევ ერთი წუთი. დაუმატეთ პომიდორი და ქათმის ბულიონი და ძეხვი და ქათამი დააბრუნეთ ქვაბში. ხარშეთ თავდახურული 15 წუთის განმავლობაში.

b) დაუმატეთ მაკარონი და აურიეთ სითხეში. ხარშეთ თავდახურული, საშუალო და დაბალ ცეცხლზე, დროდადრო აურიეთ კიდევ 15 წუთის განმავლობაში, ან სანამ მაკარონი ალდენტე გახდება და არ შეიწოვება სითხის უმეტესი ნაწილი.

62. ნელი გაზქურის ჯამბალაია

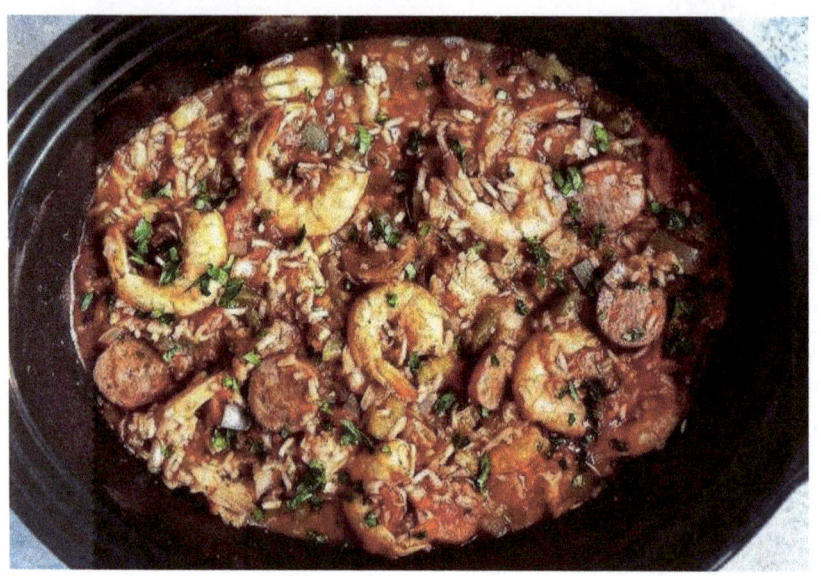

იღებს 6-8 პორციას

ინგრედიენტები:

- 1 ½ ფუნტი ქათმის ბარძაყები ძვლების გარეშე, გარეცხილი, ზედმეტი ცხიმისგან მოჭრილი და 1 ინჩის კუბებად დაჭრილი
- 3 ბმული კაჯუნის შებოლილი ძეხვი (დახლოებით 14 უნცია), დაჭრილი 1/4 ინჩის სისქის მრგვალებად
- 1 საშუალო ხახვი, დაჭრილი
- 1 მწვანე ბულგარული წიწაკა, დაჭრილი
- 1 ცალი ნიახურის ღერო, დაჭრილი
- 3 კბილი ნიორი, დაჭრილი
- 2 სუფრის კოვზი ტომატის პასტა
- 1 ჩაის კოვზი კრეოლური სუნელი
- 1 ჩაის კოვზი მარილი
- ½ ჩაის კოვზი ახლად დაფქული შავი პილპილი
- ½ ჩაის კოვზი ტაბასკოს სოუსი
- ½ ჩაის კოვზი Worcestershire სოუსი
- 2 ჭიქა ქათმის ბულიონი
- 1 ½ ჭიქა გრძელმარცვლოვანი ბრინჯი
- 2 ფუნტი საშუალო ზომის კრევეტები, გახეხილი და გახეხილი (სურვილისამებრ)

ინსტრუქციები:

a) მოათავსეთ ყველა ინგრედიენტი (გარდა კრევეტებისა, თუ იყენებთ) ნელ გაზქურაში. აურიეთ ერთმანეთში, დახურეთ თავსახური და დაბალ ცეცხლზე 5 საათის განმავლობაში მოხარშეთ

b) თუ იყენებთ კრევეტებს, ნაზად აურიეთ ისინი მომზადების 5 საათის შემდეგ და მოხარშეთ მაღალზე 30 წუთიდან 1 საათამდე, ან სანამ კრევეტები მზად იქნება, მაგრამ არ მოიხარშება.

63. წითელი ლობიოჯამბალდია

აკეთებს 4 პორციას

ინგრედიენტები:

- 1 სუფრის კოვზი ზეითუნის ზეთი
- 1 საშუალო ყვითელი ხახვი, დაჭრილი
- 2 ცალი ნიახურის ნეკნი, დაჭრილი
- 1 საშუალო მწვანე ბულგარული წიწაკა, დაჭრილი
- 3 კბილი ნიორი, დაჭრილი
- 1 ჭიქა გრძელმარცვლოვანი ბრინჯი
- 3 ჭიქა მოხარშული ან 2 (15,5 უნცია) ქილა მუქი წითელი ლობიო
- 1 (14,5 უნცია) ქილა დაჭრილი პომიდორი, გაწურული
- (14,5 უნცია) დაქუცმაცებული პომიდორი
- (4 უნცია) შეიძლება რბილი მწვანე წიწაკა, გაწურული
- 1 ჩაის კოვზი ხმელი თამი
- 1/2 ჩაის კოვზი ხმელი მარჯორამი
- 1 ჩაის კოვზი მარილი
- ახლად დაფქული შავი პილპილი
- 21/2 ჭიქა ბოსტნეულის ბულიონი
- 1 სუფრის კოვზი დაჭრილი ახალი ოხრახუში, დეკორაციისთვის
- ტაბასკოს სოუსი (სურვილისამებრ)

ინსტრუქციები:

a) დიდ ქვაბში გააცხელეთ ზეთი საშუალო ცეცხლზე. დაუმატეთ ხახვი, ნიახური, ბულგარული წიწაკა და ნიორი. დაფარეთ და ადუღეთსანამ არ დარბილდება, დაახლოებით7 წუთი.

b) შეურიეთ ბრინჯი, ლობიო, კუბიკებად დაჭრილი პომიდორი, დაქუცმაცებული პომიდორი, ჩილი, ხახვი, მარჯორამი, მარილი და შავი პილპილი გემოვნებით დაუმატეთ ბულიონი, დახურეთ თავსახური და ადუღეთ სანამ ბოსტნეული რბილი და ბრინჯი არ გახდება, დაახლოებით45 წუთი.

c) თუ იყენებთ მოაყარეთ ოხრახუში და ცოტაოდენი ტაბასკო და მიირთვით

64. გამომცხვარი ჯამბალაია კასეროლი

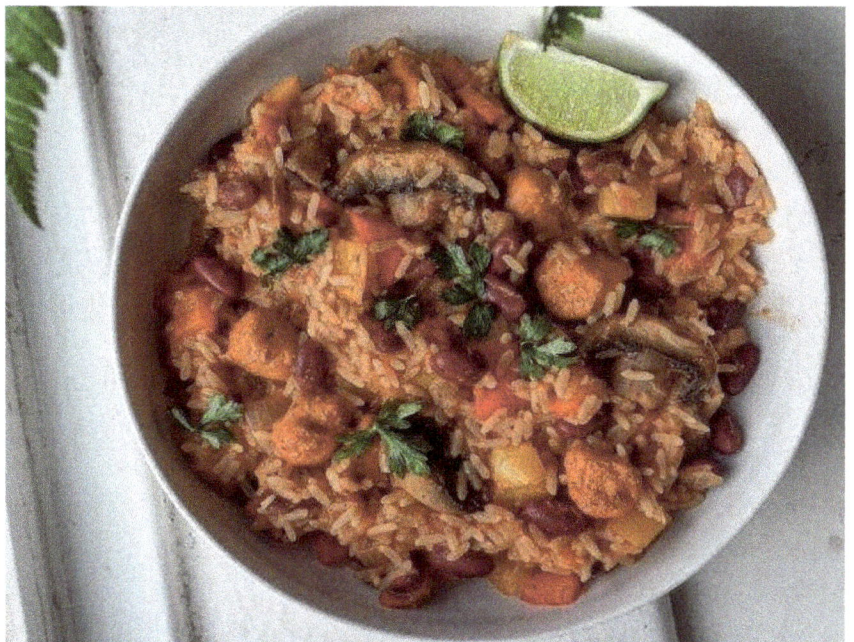

აკეთებს 4 პორციას

ინგრედიენტები:

- 10 უნცია ტემპი
- 2 სუფრის კოვზი ზეითუნის ზეთი
- 1 საშუალო ყვითელი ხახვი, დაჭრილი
- 1 საშუალო მწვანე ბულგარული წიწაკა, დაჭრილი
- 2 კბილი ნიორი, დაჭრილი
- 1 (28 უნცია) ქილა კუბებად დაჭრილი პომიდორი, დაუწური
- 1/2 ჭიქა თეთრი ბრინჯი
- 11/2 ჭიქა ბოსტნეულის ბულიონი
- 11/2 ჭიქა მოხარშული ან 1 (15,5 უნცია) ქილა მუქი წითელი ლობიო
- 1 სუფრის კოვზი დაჭრილი ახალი ოხრახუში
- 11/2 ჩაის კოვზი კაჟუნის სუნელი
- 1 ჩაის კოვზი ხმელი თამი
- 1/2 ჩაის კოვზი მარილი
- 1/4 ჩაის კოვზი ახლად დაფქული შავი პილპილი

ინსტრუქციები:

a) საშუალო ზომის ადუღებულწყალში მოხარშეთ ტემპი 30 წუთის განმავლობაში. გადაწურეთ და გააშრეთ დავჭრათ 1/2 დიუმიან კუბებად გააცხელეთ ღუმელი 350°F-ზე.

b) დიდ ტაფაში საშუალო ცეცხლზე გააცხელეთ 1 სუფრის კოვზი ზეთი. დაუმატეთ ტემპი და მოხარშეთ სანამ ორივე მხრიდან არ დაიბრაწება, დაახლოებით 8 წუთი. ტემპე გადაიტანეთ 9 x 13 დიუმიან საცხობ ფორმაში და გადადეთ

c) იმავე ტაფაში გააცხელეთ დარჩენილი 1 სუფრის კოვზი ზეთი საშუალო ცეცხლზე. დაუმატეთ ხახვი, ბულგარული წიწაკა და ნიორი. დაფარეთ და მოხარშეთ სანამ ბოსტნეული არ დარბილდება, დაახლოებით 7 წუთი.

d) ბოსტნეულის მასა დაუმატეთ საცხობ ფორმას ტემპით აურიეთ პომიდორი თავისი სითხით ბრინჯით ბულიონით ლობიოებით ოხრახუშით კაჟუნის სანელებლებით თამით მარილით და შავი პილპილით

e) კარგად აურიეთ შემდეგ მჭიდროდ დახურეთ თავსახური და გამოაცხვეთ სანამ ბრინჯი არ გახდება, დაახლოებით 1 საათი. მიირთვით დაუყოვნებლივ.

65. სოსისი ჯამბალია

მზადდება: 6-8 პორცია

ინგრედიენტები:

- ½ ჭიქა კარაქი ან მარგარინი
- 1 დიდი ხახვი, დაჭრილი
- 1 დიდი მწვანე ბულგარული წიწაკა, დაჭრილი
- ½ ჭიქა კუბებად დაჭრილი ნიახური
- 1 სუფრის კოვზი დაფქული ნიორი
- 1 ფუნტი სრულად მოხარშული შებოლილი ძეხვის ლინკები, დაჭრილი
- 3 ჭიქა ქათმის ბულიონი
- 2 ჭიქა დაუმუშავებელი თეთრი ბრინჯი
- 1 ჭიქა დაჭრილი პომიდორი
- ½ ჭიქა დაჭრილი მწვანე ხახვი
- 1-½ სუფრის კოვზი ოხრახუში
- 1 სუფრის კოვზი Worcestershire სოუსი
- 1 სუფრის კოვზი ტაბასკოს სოუსი

ინსტრუქციები:

a) გააცხელეთ ღუმელი 375 გრადუსზე.
b) ტაფაში გაადნეთ კარაქი. ხახვი, ბულგარული წიწაკა, ნიახური და ნიორი შეწვით კარაქში, სანამ არ დარბილდება.
c) დიდ თასში შეურიეთ ძეხვი, ბულიონი, ბრინჯი, პომიდორი, მწვანე ხახვი, ოხრახუში, ვორცესტერშირის სოუსი და ტაბასკოს სოუსი. მოშუშული ბოსტნეული აურიეთ ძეხვის ნარევში.
d) გაანაწილეთ ცხიმწასმულ 9x13 დიუმიან ტაფაზე.
e) დააფარეთ და გამოაცხვეთ 20 წუთი. აურიეთ დააფარეთ და გამოაცხვეთ კიდევ 20 წუთი.
f) აურიეთ დააფარეთ და გამოაცხვეთ ბოლო 5-10 წუთის განმავლობაში, ან სანამ ბრინჯი მზად არ იქნება.

66. ქათმის ჯამბალაია სოსისით

აკეთებს 1 ლიტრს

- 1 სუფრის კოვზი ზეითუნის ზეთი
- 3-დან 4 ფუნტამდე (1,4-დან 1,8 კგ-მდე) ქათმის თეძოები და მკერდი ძვლების გარეშე, დაჭრილი ნაკბენის ზომის ნაჭრებად
- 2 ჭიქა შებოლილი ძეხვი, დაჭრილი კუბებად
- 2 ჭიქა დაჭრილი ხახვი
- 2 ჭიქა დაჭრილი ბულგარული წიწაკა
- 2 ნეკნი ნიახური, დაჭრილი
- 6 კბილი ნიორი, დაჭრილი
- 2 სუფრის კოვზი შებოლილი პაპრიკა
- 2 სუფრის კოვზი ხმელი თამი
- კაიენის წიწაკა, გემოვნებით
- 2 სუფრის კოვზი კაჟუნის სანელებლების ნაზავი
- 6 ჭიქა გახეხილი პომიდორი წვენთან ერთად გაყოფილი
- ¼ ჩაის კოვზი ცხარე წიწაკის სოუსი
- 4 ჭიქა ქათმის ბულიონი
- 4 ჭიქა წყალი
- მარილი და პილპილი, გემოვნებით

a) დიდ ქვაბში გააცხელეთ ზეითუნის ზეთი და მსუბუქად შეყავით პირველი 6 ინგრედიენტი:.
b) პატარა თასში აურიეთ პაპრიკა, მარილი, პილპილი, თამი, კაიენი და კაჟუნის სანელებლების ნაზავი.
c) ბოსტნეულისა და ხორცის ნარევს მოაყარეთ სანელებლების ნარევი, შემდეგ დაუმატეთპომიდორი და ცხარე სოუსი და კარგად მოურიეთ
d) ჩაასხით ინგრედიენტები გაწმენდილ კვარტულ ქილებში, შეავსეთისინი არა უმეტეს ნახევრად
e) ამასობაში ქვაბში მოათავსეთბულიონი, პომიდორის წვენი და წყალი და მიიყვანეთადუღებამდე, ქოთნის ძირი გაასუფთავეთ
f) ჩაასხით 2 ჭიქა ცხელი სითხე თითოეულქილაში, დატოვეთ 1 ინჩი სათავე. საჭიროების შემთხვევაში შეგიძლიათ შეავსოთ წყალი.

g) დახურეთქილები და დამუშავეთ ზეწოლის ქვაბში 90 წუთის განმავლობაში 10 PSI სიჩქარით სიმაღლეზე მორგებით

67. ჯამბალაია-ჩაყრილი კომბოსტოს რულონები

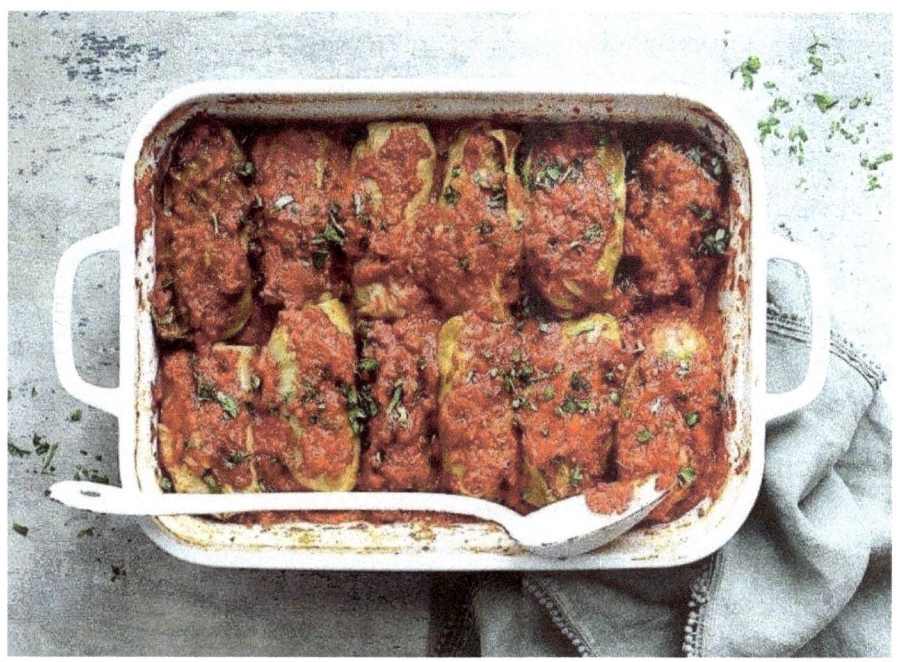

იღებს: 6-დან 8 პორცია

ინგრედიენტები:

- 2 სუფრის კოვზი ექსტრა ხელუხლებელი ზეითუნის ზეთი
- 1 ფუნტი ანდუილი ძეხვი, დაჭრილი
- 1 დიდი წითელი ბულგარული წიწაკა, კუბებად დაჭრილი
- 1 დიდი მწვანე ბულგარული წიწაკა, კუბებად დაჭრილი
- 1 დიდი წითელი ხახვი, დაჭრილი
- 1 (14,5 უნცია) ქილა კუბებად დაჭრილი პომიდორი, დაუწურავი
- 2 სუფრის კოვზი ტომატის პასტა
- 5 კბილი ნიორი, დაჭრილი
- 2½ ჩაის კოვზი კაჯუნის სუნელი, გაყოფილი
- 2 ჩაის კოვზი ხმელი თამი
- 2 ჩაის კოვზი პაპრიკა
- 2 ჩაის კოვზი Worcestershire სოუსი
- 1½ ჩაის კოვზი ნიახურის მარილი
- 3 დაფნის ფოთოლი
- 6 ჭიქა ბოსტნეულის ბულიონი, გაყოფილი
- 1½ ჭიქა დაუმუშავებელი თეთრი ბრინჯი
- 1 ფუნტი საშუალო-ზომი კრევეტი, გახეხილი და გახეხილი
- 1 დიდი თავი კომბოსტო, ცალკე ამოღებული ფოთლები
- მცენარეული ზეთი, ცხიმიანი
- 1 ჭიქა დაკონსერვებული ტომატის სოუსი
- კოშერის მარილი და შავი პილპილი გემოვნებით

ინსტრუქციები:

a) დიდქვაბში საშუალო ცეცხლზე დაასხითზეთი. მას შემდეგ, რაც ზეთი გაცხელდება, ჩაყარეთ სოსისი და მოხარშეთ სანამ არ დაიბრაწება. ამოიღეთძეხვი ქვაბიდან და გვერდზე გადადეთ
b) შემდეგი, დაამატეთ წიწაკა და ხახვი. მოხარშეთ სანამ სასიამოვნო და რბილი გახდება, შემდეგ დაამატეთ პომიდორი (წვენს), ტომატის პასტა და ნიორი. □ურიეთ კარგად დაამატეთ2 ჩაის კოვზი კაჯუნის სუნელი, თამი, პაპრიკა, Worcestershire სოუსი, ნიახურის მარილი, დაფნის ფოთოლი და 3 ჭიქა ბოსტნეულის ბულიონი. აურიეთ ინგრედიენტები, შემდეგ კვლავ ჩაამატეთ

მეხვი ქვაბში, დაუმუშავებელ ბრინჯთან ერთად კვლავ აურიეთ და მოხარშეთ 25-30 წუთის განმავლობაში, ან სანამ სითხე არ შეიწოვება. შემდეგ დაამატეთ კრევეტები, აურიეთ და გადმოდგით ცეცხლიდან. გვერდზე დააყენეთ

c) ცალკე ქვაბში, საშუალო ცეცხლზე, დაამატეთ კომბოსტოს ფოთლები და დარჩენილი 3 ჭიქა ბოსტნეულის ბულიონი. მოხარშეთ სანამ კომბოსტო არ დარბილდება, შემდეგ გადაწურეთ და გააგრილეთ

d) საცხობ ჭურჭელს მსუბუქად ზეთეთ. კომბოსტოს თითოეულ ფოთოლში შემოახვიეთ დაახლოებით ¼ ჭიქა ჯამბალაია და მოათავსეთ რულონები საცხობ ფორმაში. გვერდზე დააყენეთ

e) პატარა თასში შეურიეთ ტომატის სოუსი, დარჩენილი ½ ჩაის კოვზი კაჟუნის სუნელი, მარილი და პილპილი. კარგად ურიეთ სანამ არ გაერთიანდება.

f) მთელ კომბოსტოს რულეტებს დაასხით ტომატის სოუსი, შემდეგ საცხობ ფორმას დააფარეთ ალუმინის ფოლგა და გამოაცხვეთ ღუმელში 25-დან 30 წუთის განმავლობაში. გამოიღეთ ღუმელიდან და სუფრასთან მიტანამდე გააცივეთ

68. ქინოა ჯამბალაია

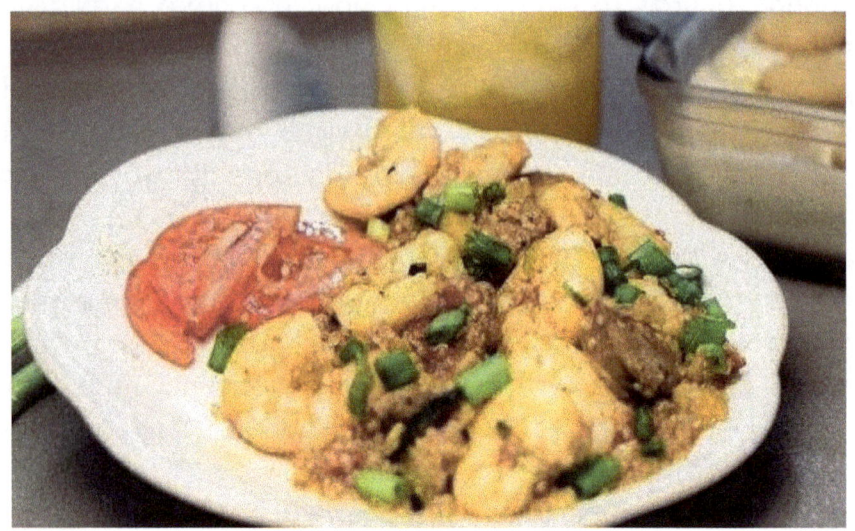

მზადდება: 6 პორცია

ინგრედიენტები:

- 1 სუფრის კოვზი ცხელი წიწაკის სეზამის ზეთი
- 1 სუფრის კოვზი მთლიანი ხორბლის ფქვილი
- 1 საშუალო ხახვი; კუბებად დაჭრილი
- 1 კბილი ნიორი; დაფქული
- 28 უნცია დაქუცმაცებული პომიდორი
- 1 დაფნის ფოთოლი
- ½ სუფრის კოვზი ხმელი ხახვი
- ¾ ჩაის კოვზი ლომას ზღვის მარილი
- 1 ჭიქა ედენ კვინოა; გარეცხილი
- 1 მწვანე წიწაკა; კუბებად დაჭრილი
- ½ ჭიქა ოხრახუში, დაჭრილი
- 1 ჭიქა ნიახური; დაჭრილი
- 2 მწვანე ხახვი; თხლად დაჭრილი

ინსტრუქციები:

a) მძიმე ქვაბში გააცხელეთ ზეთი. დაუმატეთ ფქვილი და ურიეთ სურნელოვანი არომატის მიღებამდე (3 წუთი). დაუმატეთ ხახვი, ნიორი, პომიდორი, დაფნის ფოთოლი, ხახვი და მარილი. აურიეთ და ხარშეთ თავდახურული 10 წუთის განმავლობაში.

b) დაამატეთ წყალი მარაგში. მიიყვანეთ ადუღებამდე. დაამატეთ კინოა, მწვანე წიწაკა, ოხრახუში, ნიახური და მწვანე ხახვი. დააფარეთ და მოხარშეთ კიდევ 3-5 წუთი.

c) გამორთეთ სითბო და გააჩერეთ თავდახურული 10 წუთის განმავლობაში. დაუმატეთ წიწაკა. □ურიეთ კარგად მიირთვით

69. ალიგატორი ჯამბალაია

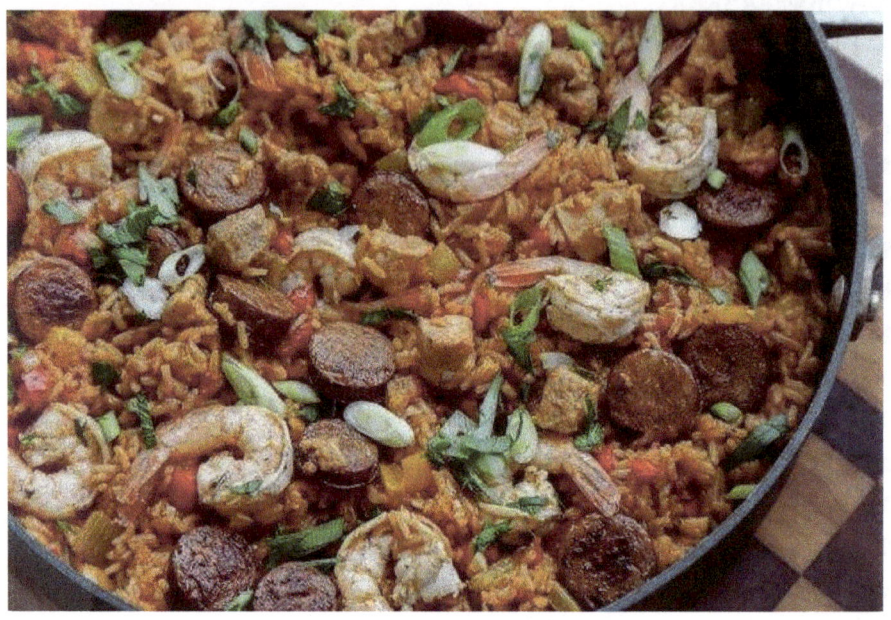

აკეთებს: 256 ინჩიანი ლინკები

ინგრედიენტები:

- 1 ფუნტი მარინირებული ალიგატორის ფილე დაჭრილი პატარა ნაჭრებად
- 1 ფუნტი ცხელი სოსისი (იტალიური) დაჭრილი კუბებად
- 3 სუფრის კოვზი ზეთი
- ⅔ ჭიქა დაჭრილი ბულგარული წიწაკა
- 2 კბილი ნიორი დაქუცმაცებული
- ¾ ჭიქა ოხრახუში
- 1 ჭიქა დაჭრილი ახალი ოხრახუში
- 1 ჭიქა დაჭრილი ნიახური
- 2 ქილა პომიდორი (თითო 16 უნცია)
- 2 ჭიქა ქათმის ბულიონი
- 1 ჭიქა მწვანე ხახვი
- 2 ჩაის კოვზი ორეგანო
- 2 ცალი წითელი ცხელი სოუსი (სურვილისამებრ)
- კაჯუნის სანელებლები
- მარილი გემოვნებით
- 2 ჭიქა უმი თეთრი ბრინჯი

a) შეწვით ბულგარული წიწაკა, ნიორი, ოხრახუში და ნიახური. სანამ ეს მზადდება, დაამატეთ პომიდორი და მათი სითხე, ქათმის ბულიონი და მწვანე ხახვი ქვაბში, რომელიც შეიძლება მოხარშოთ ღუმელზე და ღუმელში (Corning ჭურჭელი)
b) შეურიეთ სანელებლები, მოშუშული ბოსტნეული უმი ბრინჯი, ძეხვი და ალიგატორის ფილე.
c) მოხარშეთ საშუალო ცეცხლზე, სანამ სითხე არ შეიწოვება და გამოაცხვეთ თავდახურულ ღუმელში 25 წუთის განმავლობაში.

70. Bayou boeuf Jambalaya

მზადდება: 6 პორცია

ინგრედიენტები:

1 სუფრის კოვზი Shortening
¼ ფუნტი კოშერის სალამი, კუბურები
1 ყლორტი ხახვი
1 ხახვი, დაჭრილი
მარილი და პილპილი გემოვნებით
2 ჭიქა პომიდორი
1 ჭიქა დაუმუშავებელი გრძელი მარცვლეული ბრინჯი
1 სუფრის კოვზი ფქვილი
¼ ჭიქა მწვანე წიწაკა, დაჭრილი
1 დაფნის ფოთოლი
1 ყლორტი ოხრახუში, დაჭრილი
1 კბილი ნიორი, დაჭრილი
1 ფუნტი კოშერის შებოლილი ძეხვი.
1¼ ჭიქა ტომატის წვენი

დნება სმორტი მძიმე ქვაბში საშუალო ცეცხლზე. შეურიეთ ფქვილი, სალამი და მწვანე წიწაკა. ადუღეთ5 წუთი, მუდმივად ურიეთ

დაამატეთ დარჩენილი ინგრედიენტები ბრინჯის გარდა. მიიყვანეთ ადუღებამდე. სითხეში დაამატეთ ბრინჯი. დაფარეთ და ადუღეთ 40 წუთის განმავლობაში. სანამ მთელი სითხე არ შეიწოვება.

71. შავთვალა ბარდა და ძეხვი ჯამბალაია

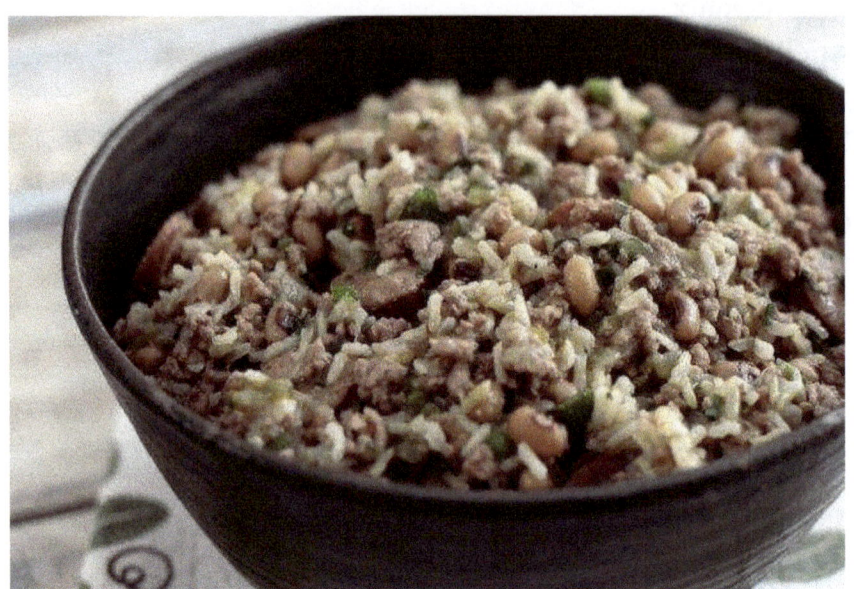

მზადდება: 25 პორცია

ინგრედიენტები:

2 ფუნტი თეთრი ხახვი; დაჭრილი
2 თაიგული მწვანე ხახვი; დაჭრილი
1 დიდი მწვანე ბულგარული წიწაკა; დაჭრილი
5 კბილი ნიორი; დაჭრილი
1 ჭიქა ნიახური; დაჭრილი
3 ფუნტი მარილი ხორცი*
3 ფუნტი შებოლილი ცხელი სოსისი
3 ფუნტი დაუმუშავებელი ბრინჯი
12 ჭიქა წყალი

*ერთხელ მოხარშული, წვრილად დაჭრილი ძეხვი შეწვით და დაჭერითნაჭრებად შეწვითხახვი, წიწაკა, ნიორი და ნიახური. მოხარშეთ სანამ არ გაფუჭდება. დაამატეთ მარილი ხორცი, ძეხვი, შავი ბარდა და ბრინჯი.

სეზონი გემოვნებით დაამატეთ 12 ჭიქა წყალი. მიიყვანეთ ადუღებამდე; კარგად აურიეთ და მჭიდროდ დაფარეთ მოხარშეთ ყველაზე დაბალ ცეცხლზე 45 წუთის განმავლობაში. ამ დროის განმავლობაში არ მოიხსნათ საფარი. სუფრაზე მიტანამდე 5-10 წუთითმოაშორეთსაფარი.

72. გატეხილ კრევეტები ჯამბალაია

მზადდება: 6 პორცია

ინგრედიენტები:
1½ ფუნტი გატეხილი კრევეტები (მოხარშული)
1 ჭიქა არაქისის ზეთი
4 ცალი ხახვი, დაჭრილი
5 ცალი კბილი ნიორი
2 ცალი მწვანები შალოტი
1 ცალი ბულგარული წიწაკა, დაჭრილი
2 ჩაის კოვზი პაპრიკა
1 x წითელი, შავი, თეთრი წიწაკა
1 x მარილი
¼ ფუნტი შებოლილი ძეხვი 3 ც Ri
5 ჭიქა წყალი

გააცხელეთ ზეთი, დაუმატეთ ხახვი, ნიორი, შალოტი, ბულგარული წიწაკა, შებოლილი ძეხვი, პაპრიკა, მარილი და წიწაკა და კარგად მოთუშეთ დაამატეთ კრევეტების ნაჭრები, ბრინჯი და წყალი. მიიყვანეთადუღებამდე, დახურეთთავსახური და ძალიან დაბალ ცეცხლზე ადუღეთ20-25 წუთის განმავლობაში. აურიეთჩანგლითდა შეცვალეთსახურავი.

73. ბუტნი ჯმბალდიას მარცვლებით

მზადდება: 4 პორცია

- **ინგრედიენტები:**
- 2 ფუნტი ახალი ბუდინის ძეხვის ლინკები
- 1 წყალი; დაფარვა
- 1 მარილი; როგორც საჭიროა
- 1 სუფრის კოვზი ზეითუნის ზეთი
- 1 ჭიქა დაჭრილი ყვითელი ხახვი
- ½ ჭიქა დაჭრილი მწვანე ბულგარული წიწაკა
- ½ ჭიქა დაჭრილი ნიახური
- 1 მარილი; გასინჯვა
- 1 ახლად დაფქული შავი პილპილი; გასინჯვა
- 1 სუფრის კოვზი დაჭრილი ნიორი
- ½ ჭიქა გახეხილი; დათესილი, დაჭრილი ახალი ტომატი
- 4 უნცია ქათამი; პატარა კუბებად დაჭრილი
- 1 ემერილის ესენცია
- 4 უნცია ანდუილი ან შებოლილი ძეხვი; პატარა კუბებად დაჭრილი
- 4 უნცია ლორი; პატარა კუბებად დაჭრილი
- 5 ჭიქა რძე
- 1 ჭიქა ხბოს შემცირება
- 2 ჭიქა ლვეზელი
- 1 ჭიქა გახეხილი თეთრი ყველი ჩედარი; (4 უნცია)
- ¼ ჭიქა დაჭრილი მწვანე ხახვი

დიდ ქვაბში მარილიანი წყალი მიიყვანეთ ადუღებამდე. დაუმატეთ ბუდინის სოსისი და მოხარშეთ4-5 წუთის განმავლობაში ან სანამ ძეხვი არ გამკვრივდება.

გადაწურეთ და გადადგით. საშუალო ზომის ქვაბში გააცხელეთ ზეითუნის ზეთი. დაუმატეთხახვი, წიწაკა და ნიახური. მოაყარეთ მარილი და პილპილი. შეწვით 2-დან 3 წუთის განმავლობაში, ან სანამ არ გაფუჭდება. დაუმატეთნიორი და პომიდორი.

მოაყარეთ მარილი და პილპილი. შეწვით 2 წუთის განმავლობაში. შეაზავეთ ქათამს Emeril's Essence-ით დაუმატეთ ქათამი და შეწვით 2 წუთის განმავლობაში, მუდმივად ურიეთ დაუმატეთ სოსისი და ლორი და გააგრძელეთ ხარშვა 2 წუთის განმავლობაში. დაუმატეთ რძე და ხბოს ხორცი და მიიყვანეთ სითხე ადუღებამდე. დადუღით ადუღებამდე და აურიეთ მარცვლები. ურიეთ 30 წამი, შემდეგ დაამატეთ ყველი და ურიეთ სანამ ყველი არ გადნება. მოხარშეთ თავდახურული 4-5 წუთის განმავლობაში, ან სანამ ღვეზელი არ გახდება რბილი და კრემისებრი. აურიეთ მწვანე ხახვი. შემწვარი ტაფაში გავაცხელეთ დარჩენილი ზეთი. ტაფაზე შეწვით ბუტნის ძეხვი 2 წუთის განმავლობაში თითოეულ მხარეს. მიირთვით მოაყარეთ მარცვლები თითოეული ფირფიტის ცენტრში. მარცვლებს ზემოდან მოაყარეთ ძეხვის ორი რგოლი. სოსისს კოვზით მოაყარეთ სოსისი და მიირთვით

74. კაჯუნი კიბოჯამბალია

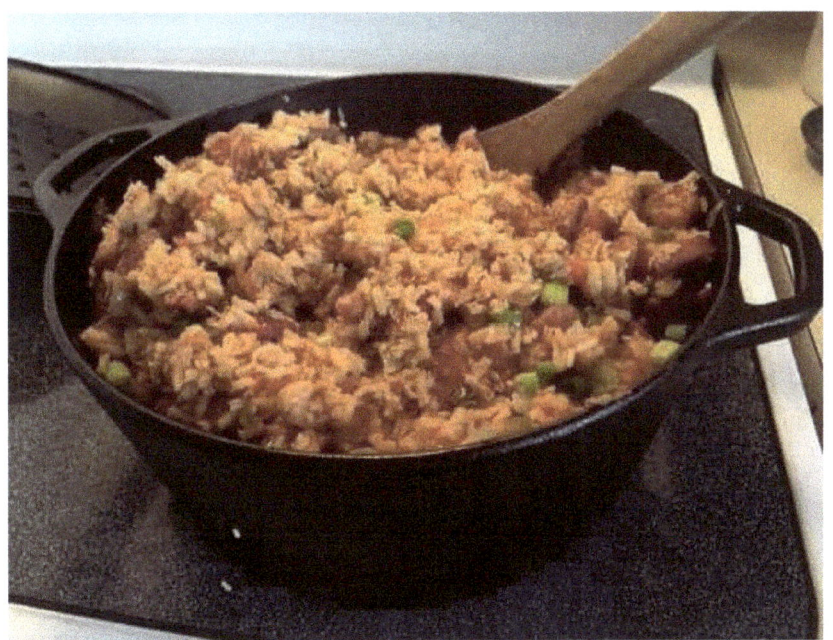

მზადდება: 1 პორცია

ინგრედიენტები:
¼ ფუნტი კარაქი ან მარგარინი
½ ჩიქა ბულგარული წიწაკა - დაჭრილი
40 მილილიტრი ნიორი -- დაჭრილი
1 ჩიქა ხახვი -- დაჭრილი
½ ჩიქა ნიახური - დაჭრილი
კიბოს ცხიმი
1 ფუნტი კიბოს კუდები
1 ჩიქა მწვანე ხახვი -- დაჭრილი
2 სუფრის კოვზი ოხრახუში -- დაჭრილი
კაიენის წიწაკა
4 ჩიქა მოხარშული ბრინჯი
მარგარინში შეწვით ბულგარული წიწაკა, ნიორი, ხახვი და ნიახური. გემოსთვის დაამატეთ/ჩაასხით კიბოს ცხიმი. ადუღეთ დახურებით30 წუთის განმავლობაში დაბალ ცეცხლზე. დაუმატეთ კიბოს კუდები, მწვანე ხახვი, 2 ტ დაჭრილი ოხრახუში, მარილი, პილპილი, კაიენის წიწაკა და 4 ც. მოხარშული ბრინჯისგან. ხანდახან ვამატებ პატარა ქილა ლორის და სოკოს ნაჭრებს. გააჩერეთეს ორთქლი დახურებით5-10 წუთის განმავლობაში. თუ ძალიან მშრალია, დაამატეთ/ჩაასხ მარგარინი ან წყალი.

75. კანმრთელი ნიუორლეანის ჯამბალაია

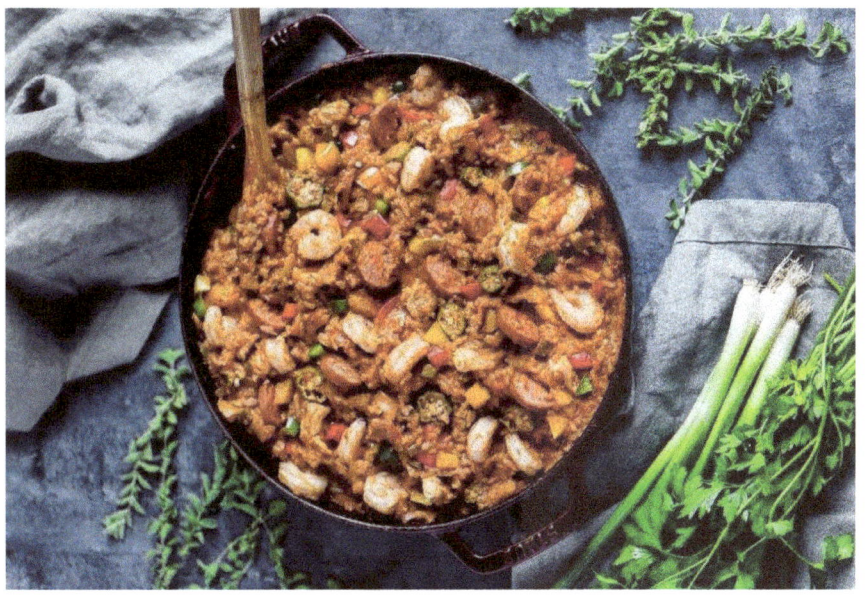

მზადდება : 25 პორცია

ინგრედიენტები:
2 უნცია კანოლის ზეთი
2 დიდი ხახვი, დაჭრილი
2 ყუნწი ნიახური, დაჭრილი
2 ბულგარული წიწაკა, დაჭრილი
3 კბილი ნიორი, დაჭრილი
½ ფუნტი თურქეთის ლორი, კუბურები
5 ქათმის მკერდი, ზოლებად
32 უნცია კონვერტირებული ბრინჯი (ბიძია ბენის)
6 ჭიქა დაბალი ნატრიუმის ქათმის ბულიონი
2 სუფრის კოვზი Thyme
1 ჩაის კოვზი ფხვნილი დაფნის ფოთოლი
მაღალ მძიმე 4 ლიტრიანი ქვაბში, საშუალო ცეცხლზე, შეწვით ტრინიტი და ნიორი ზეთში, სანამ არგახდება რბილი.

დაამატეთ ლორი, ქათამი, ბრინჯი. განაგრძეთ ხარშვა, ხშირად ურიეთ სანამ ბრინჯი ოდნავ არ დაიბრაწება.

დაამატეთ ბულიონი, მიიყვანეთ ადუღებამდე. შეამცირეთ ადუღებამდე და მჭიდროდ დახურეთ თავსახური და ადუღეთ 30 წუთი.

ამოიღეთ საფარი, დაამატეთ ხახვი და დაფნა. გააგრძელეთ ხარშვა 15 წუთის განმავლობაში, დროდადრო ურიეთ ბრინჯი ფუმფულამდე.

სეზონი ცხელი სოუსით გემოვნებით

76. კუსკუსი ჯამბალია

მზადდება: 2 პორცია

ინგრედიენტები:

- 1 სუფრის კოვზი მცენარეული ზეთი
- ¼ ჭიქა დაჭრილი ნიახური
- ¼ ჭიქა დაჭრილი მწვანე წიწაკა
- ¼ ჭიქა დაჭრილი ხახვი
- 2 სუფრის კოვზი დაფქული ნიორი
- ½ ჭიქა კუბებად დაჭრილი ქათამი
- ½ ჭიქა დაჭრილი ანდუილ ძეხვი
- 1 ჭიქა ქათმის ბულიონი
- 12 კრევეტი; გახეხილი და დაჭრილი
- ½ ჭიქა კუბებად დაჭრილი პომიდორი
- 1 bayou აფეთქება
- 1 ვოსტერშირის სოუსი; გასინჯვა
- 1 ტაბასკოს სოუსი; გასინჯვა
- 1 მარილი; გასინჯვა
- 1 ახლად დაფქული შავი პილპილი; გასინჯვა
- 1 ჭიქა კუსკუსი
- 1 დაჭრილი ხახვი; გარნირებისთვის

საშუალო წვნიან ქვაბში გავაცხელოთ ზეთი, მოვაყაროთ დაჭრილი ბოსტნეული და ვშუშოთ დარბილებამდე, 5 წუთი. დაამატეთ ნიორი, ქათამი და ძეხვი; მოხარშეთ ხშირად ურიეთ 5 წუთის განმავლობაში. დაუმატეთ ბულიონი და მიიყვანეთ ადუღებამდე. დაამატეთ კრევეტები, პომიდორი და სანელებლები გემოვნებით მოხარშეთ 3 წუთის განმავლობაში. მოურიეთ კუსკუსი, დააფარეთ და გადმოდგით ცეცხლიდან; გააჩერეთ 15 წუთის განმავლობაში, სანამ კუსკუსი არ დარბილდება და არ შეიწოვება მთელ სითხე. ფუმფულა კუსკუსი ჩანგლით გასინჯეთ დაარეგულირეთ სანელებლები და საჭიროების შემთხვევაში მოვლედ გაათბეთ მიირთვით ხახვთან ერთად მორთული.

LAGNIAPPE

77. ლგნიაპე

ილებს 6-8 პორციას

ინგრედიენტები:

● 2 ფუნტი მვლების გარეშე, გათლილი ალიგატორი, დაჭრილი 1 დიუმიან ნაჭრებად
● მარილი და ახლადდაფქული შავი პილპილი გემოვნებით
● 2 სუფრის კოვზი პლუს ½ ჭიქა მცენარეული ზეთი, გაყოფილი
● 3/4 ჭიქა უნივერსალური ფქვილი
● 1 დიდი ხახვი, დაჭრილი
● 1 კონა მწვანე ხახვი, დაჭრილი, თეთრი და მწვანე ნაწილები გამოყოფილი
● 1 მწვანე ბულგარული წიწაკა, დაჭრილი
● 2 ცალი ნიახურის ღერო, დაჭრილი
● 4 კბილი ნიორი, დაჭრილი
● 2 დიდი ახალი პომიდორი, სეზონზე, გაწმენდილი და დაჭრილი, ან 1 (14 უნცია) ქილავის დაჭრილი პომიდორი
● 1 (10 უნცია) ქილა ორიგინალური Ro-tel პომიდორი
● 1 ლიმონის წვენი
● 2 სუფრის კოვზი Worcestershire სოუსი
● 1 ჩაის კოვზი მარილი
● ½ ჩაის კოვზი ახლადდაფქული შავი პილპილი
● 1/4 ჩაის კოვზი კაიენის წიწაკა
● 2 დაფნის ფოთოლი
● 2 ჭიქა ძროხის ბულიონი
● 1/3 ჭიქა დაჭრილი ბრტყელფოთლიანი ოხრახუში
● მოხარშული გრძელმარცვლოვანი თეთრი ბრინჯი, სერვირებისთვის

ინსტრუქციები:

a) ალიგატორს მოაყარეთ მარილი და პილპილი. გააცხელეთ 2 სუფრის კოვზი ზეთი დიდტაფაზე, დაამატეთალიგატორის ნაჭრები და შეწვით ყველა მხრიდან. ხორცი არ გახდება ყავისფერი. ამოიღეთ ალიგატორი და დააყენეთ ტაფა შეინახეთ შემდგომი მინანქრისთვის.

b) გააცხელეთ დარჩენილი ზეთი დიდ მძიმე ქვაბში საშუალო-მაღალ ცეცხლზე; დაუმატეთ ფქვილი და განუწყვეტლივ ურიეთ სანამ რუხი არ დაიწყებს შეწითლებას. შეამცირეთ ცეცხლი საშუალოზე და მოხარშეთ გამუდმებით ურიეთ სანამ რუხი არ გახდება მოწითალო-ყავისფერი ფერი. დაუყონებლივ დაუმატეთ ხახვი, მწვანე ხახვის თეთრი ნაწილები, ბულგარული წიწაკა და ნიახური და მოშუშეთ საშუალო დაბალ ცეცხლზე გამჭვირვალემდე. დაუმატეთ ნიორი და მოშუშეთ კიდევ ერთი წუთი. დააბრუნეთ ალიგატორი ქვაბში.

c) ამასობაში ქვაბში ცოტაოდენი ლევზელი გააცხელეთ მაღალ ცეცხლზე, რომ გაწუროს. აურიეთ სითხე, რა თქმა უნდა, ამოიღეთ ყავისფერი ნაჭრები ტაფის ქვედა მხრიდან და დაამატეთ ეს ქვაბში.

d) ქვაბში დაამატეთ დარჩენილი ინგრედიენტები ოხრახუშის გარდა. დაფარეთ და ხარშეთ დაბალ ცეცხლზე, დროდადრო ურიეთ სანამ ხორცი არ გახდება რბილი, დაახლოებით 30 წუთი. დაარეგულირეთ სანელებლები, დაუმატეთ მწვანე ხახვის ზედა ნაწილი და ოხრახუში და მოაცილეთ დაფნის ფოთლები. მიირთვით ცხელ ბრინჯზე.

78. კალსი

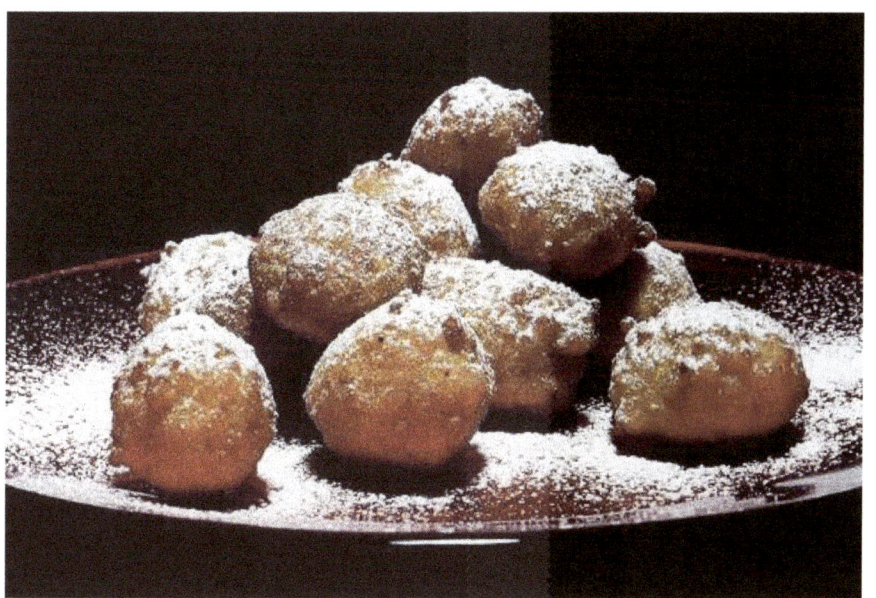

აკეთებს 30 ცალს

ინგრედიენტები:

- ½ ჭიქა უნივერსალური ფქვილი
- 2 ½ ჩაის კოვზი გამაფხვიერებელი
- 1/3 ჭიქა შაქარი
- ½ ჩაის კოვზი მარილი
- ½ ჩაის კოვზი ახლადგახეხილი მუსკატის კაკალი
- 3 კვერცხი
- 1 ჩაის კოვზი ვანილი
- 2 ჭიქა მოხარშული გრძელმარცვლოვანი თეთრი ბრინჯი
- მცენარეული ზეთი ღრმა შეწვისთვის
- საკონდიტრო შაქრის მოსაყრელად

ინსტრუქციები:

a) დიდ თასში ათქვიფეთ ფქვილი, გამაფხვიერებელი, შაქარი, მარილი და მუსკატის კაკალი. დაუმატეთ კვერცხი და ვანილი და კარგად აურიეთ. შეურიეთ ბრინჯი.
b) დიდ ტაფაში ან ღრმა შემწვარში გააცხელეთ ზეთი 360°-მდე. ნაზავი ფრთხილად ჩაასხით ჩაის კოვზით ცხელ ზეთში ნაწილებად შეწვით ცომი, ხშირად გადააბრუნეთ სანამ არ გახდება ოქროსფერი და გადაიტანეთ ქაღალდის პირსახოცებზე.
c) მოაყარეთ საკონდიტრო შაქარი და მიირთვით ცხელი.

79. სიმინდი Maque Choux

იღებს 8 ულუფას

ინგრედიენტები:

- 6-8 ყური ყვითელი სიმინდი
- 2 სუფრის კოვზი კარაქი
- 1 მწვანე ბულგარული წიწაკა, დაჭრილი
- 1 საშუალო ხახვი, დაჭრილი
- 1 დიდი პომიდორი, დაჭრილი
- 2 კბილი ნიორი, დაჭრილი
- 3/4 ჭიქა წყალი
- დაჭერითკაიენის წიწაკა
- 1 ჩაის კოვზი შაქარი
- მარილი და ახლად დაფქული შავი პილპილი გემოვნებით

ინსტრუქციები:

a) ჩამოიბანეთ და გაასუფთავეთ სიმინდი აბრეშუმისგან. ფრთხილად მასზე მაღალ ბასრი დანით დაჭერით მარცვლები ნახევრად კუბამდე. გამოიყენეთ მაგიდის დანა, რათა გაწურეთ წვენები მარცვლების დარჩენილი ნაწილიდან. დააყენეთ განზე.

b) დიდ მძიმე ტაფაში ან საშუალო ქვაბში გააცხელეთ კარაქი და მოშუშეთ ბულგარული წიწაკა და ხახვი გამჭვირვალემდე. დაამატეთ პომიდორი და ნიორი და მოხარშეთ საშუალო ცეცხლზე 5 წუთის განმავლობაში. დაუმატეთ წყალი, სიმინდი, კაიენის წიწაკა და შაქარი და მოაყარეთ მარილი და პილპილი. მიიყვანეთ ადუღებამდე, შეამცირეთ ცეცხლი დაბალ ცეცხლზე, დახურეთ თავსახური და ხარშეთ სანამ სიმინდი არ მოიხარშება, დაახლოებით 30 წუთი. დააგემოვნეთ და დაარეგულირეთ სანელებლები.

80. სიმინდსა და კრევეტების წვნიანი

იღებს 8 ულუფას

ინგრედიენტები:

- 2 ფუნტი საშუალო კრევეტები ნაჭუჭებში თავებით
- 8 ყური სიმინდი
- 1 ჯოხი კარაქი
- ½ ჭიქა უნივერსალური ფქვილი
- 1 დიდი ხახვი, დაჭრილი
- 3 მწვანე ხახვი, დაჭრილი, თეთრი და მწვანე ნაწილები გამოყოფილი
- 1 მწვანე ბულგარული წიწაკა, დაჭრილი
- 2 ცალი ნიახურის ღერო, დაჭრილი
- 1 ჩაის კოვზი დაფქული ნიორი
- 1 (10 უნცია) ქილა ორიგინალური Ro-Tel პომიდორი და მწვანე წიწაკა
- მარილი, ახლად დაფქული შავი პილპილი და კრეოლური სუნელი გემოვნებით
- ½ პინტი მძიმე კრემი
- 2 სუფრის კოვზი დაჭრილი ბრტყელფოთლიანი ოხრახუში

ინსტრუქციები:

a) კრევეტები გააცალეთ თავი, გააცალეთ კანი და გახეხეთ თავები და ნაჭუჭები მოათავსეთ დიდ ქვაბში. შედგით კრევეტები მაცივარში.

b) ძალიან ბასრი დანით სიმინდის ლეჩულები დაჭრათ ძალიან დიდ თასში. მოსაწყენი მაგიდის დანის გამოყენებით გაფხეხეთ კუჭიკები, რათა მთელი სიმინდის წვენი გამოუშვას თასში. დააყენეთ განზე.

c) ქვაბში კრევეტების ქერქლებით ჩაამატეთ სიმინდის კუჭიკები. დაამატეთ იმდენი წყალი, რომ დაფაროს ნაჭუჭები და კუჭიკები და მიიყვანეთ ადუღებამდე. შეამცირეთ ცეცხლი საშუალოზე და ხარშეთ 30 წუთის განმავლობაში თავდახურული. როცა ოდნავ გაცივდება, გადაწურეთ ბულიონი დიდსაზომ თასში და გადააგდეთ ნაჭუჭები და კუჭიკები. უნდა გქონდეთ 8 ჭიქა

მარაგი; თუ არა, დაამატეთ იმდენი წყალი, რომ მიიღოთ 8 ჭიქა სითხე.

d) ღრმა მძიმე ქვაბში გაადნეთ კარაქი საშუალო ცეცხლზე; დაუმატეთ ფქვილი და მოხარშეთ განუწყვეტლივ ურიეთ მანამ, სანამ რუხი არმიიღებს კარაქის ფერს.

e) დაუმატეთ ხახვი, მწვანე ხახვის თეთრი ნაწილები, ბულგარული წიწაკა, ნიახური და ნიორი და მოშუშეთ სანამ ხახვი გამჭვირვალე გახდება. დაამატეთ პომიდორი და თანდათან აურიეთ ბულიონი. მოაყარეთ მარილი, პილპილი და კრეოლური სუნელი და ადუღეთ თავდახურული დაახლოებით 15 წუთის განმავლობაში. დაამატეთ სიმინდი და მოხარშეთ კიდევ 10 წუთი. დაუმატეთ კრევეტები და მოხარშეთ სანამ ვარდისფერი არ გახდება, დაახლოებით 2 წუთი. დაუმატეთ ნაღები, მწვანე ხახვი და ოხრახუში. როდესაც მზად იქნება მიირთვათ ნაზად გაათბეთ არ მოხარშოთ

81. კრაბისა და ბრის სუპი

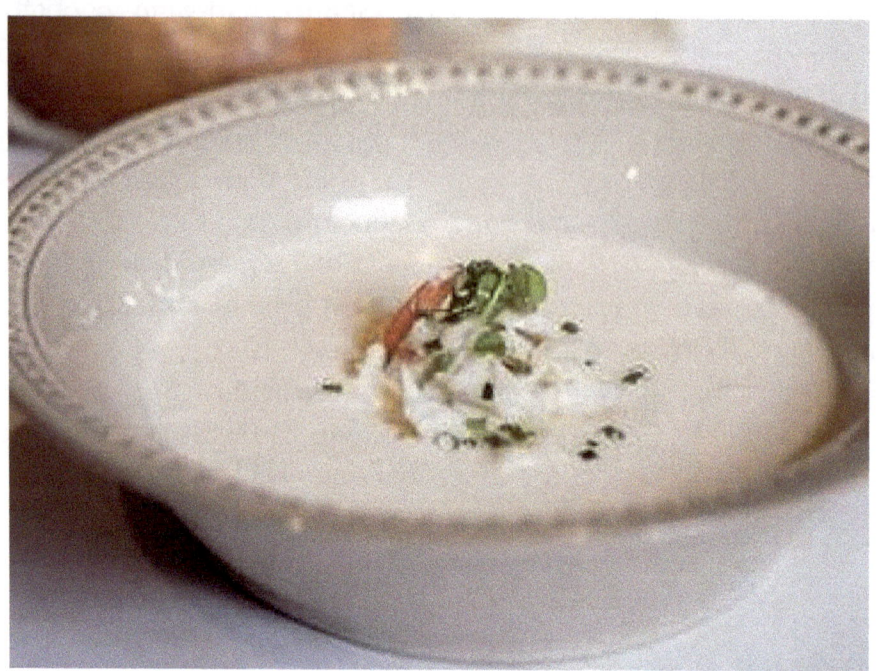

იღებს 6 პორციას

ინგრედიენტები:

- 1 (1 ფუნტი) შეფუთვა გაყინული გუმბოკიბორჩხალი
- 1 ჯოხი კარაქი
- ½ ჭიქა უნივერსალური ფქვილი
- 1 საშუალოხახვი, დაჭრილი
- 2 ცალი ნიახურის ღერო, დაჭრილი
- 3 კბილი ნიორი, დაჭრილი
- 4 ჭიქა კრაბის ბულიონი
- ½ ჭიქა მშრალი თეთრი ღვინო
- 1 დაფნის ფოთოლი
- 1 ჩაის კოვზი Worcestershire სოუსი
- 10 ირთვება შავი პილპილის წისქვილზე
- 1 ჩაის კოვზი კრეოლური სუნელი
- მარილი, გემოვნებით
- ½ ფუნტი ბრი ყველი, ქერქი ამოღებული
- 1 ½ ჭიქა ნახევარ-ნახევარი
- 1 ფუნტი კრაბის ხორცი

ინსტრუქციები:

a) მოათავსეთ გუმბო კიბორჩხალები (არ არის საჭირო მათი გალღობა) საშუალო ქვაბში, დაფარეთ წყლით და მიიყვანეთ ადუღებამდე. დააფარეთსახურავი, შეამცირეთსითბო და ადუღეთ 45 წუთის განმავლობაში. ბულიონი გადაწურეთდიდსაზომ ჭიქაში. საჭიროების შემთხვევაში, დაამატეთიმდენი წყალი, რომ 4 ჭიქა იყოს.

b) გაადნეთ კარაქი დიდ მძიმე ქვაბში საშუალო ცეცხლზე; დაუმატეთ ფქვილი და განუწყვეტლივ ურიეთ სანამ რუხი ღია ყავისფერი არ გახდება. დაუმატეთ ხახვი და ნიახური და მოშუშეთ დროდადრო აურიეთ 5 წუთის განმავლობაში. დაამატეთ ნიორი და მოშუშეთკიდევ ერთი წუთი. თანდათან აურიეთბულიონი და ღვინო; დაუმატეთ დაფნის ფოთოლი, ვუსტერშირის სოუსი, წიწაკა და კრეოლური სუნელი და მოაყარეთმარილი. დააფარეთდა ხარშეთ15 წუთის განმავლობაში.

c) დაჭერითან დაჭერით წვნიანი პატარა ნაჭრებად და აურიეთ წვნიანში დაბალცეცხლზე, სანამ არ გადნება. აურიეთ ნახევარ-ნახევარი. მოაყარეთ კრაბის ხორცი, ამოიღეთ ნაჭუჭები და დაამატეთ წვნიანს. ნაზად აურიეთ ისე, რომ კრაბის ნაჭრები მთლიანი იყოს. დაგემოვნეთ და დარეგულირეთ სანელებლები.
d) წვნიანი გადმოდგით ცეცხლიდან და გააჩერეთ მინიმუმ 30 წუთი, რათა გემოები ერთმანეთში აირიოს. ნაზად გააცხელეთ როცა მზად იქნება მიირთვით

82. Crawfish Bisque

აკეთებს 4 პორციას

ინგრედიენტები:

- 3 სუფრის კოვზი პლუს ½ ჭიქა მცენარეული ზეთი, გაყოფილი
- 2 ფუნტი ახალი კიბოს კუდები, გალღობილი, გაყოფილი
- 1 ხახვი, დაჭრილი და გაყოფილი
- 1 კონა მწვანე ხახვი, დაჭრილი და გაყოფილი
- 1 მწვანე ბულგარული წიწაკა, დაჭრილი და გაყოფილი
- 3 კბილი ნიორი, დაჭრილი და გაყოფილი
- 3/4 ჩაის კოვზი მარილი, გაყოფილი
- 3/4 ჩაის კოვზი ახლადდაფქული შავი პილპილი, გაყოფილი
- 3/4 ჩაის კოვზი კრეოლური სუნელი, გაყოფილი
- 2 ჭიქა პურის ნატეხი 1 კვერცხი, ათქვეფილი
- 2/3 ჭიქა პლუს ½ ჭიქა უნივერსალური ფქვილი, გაყოფილი
- 5 ჭიქა ზღვის პროდუქტები ან წყალი
- 2 სუფრის კოვზი ტომატის პასტა
- დაჭერითკაიენის წიწაკა, ან გემოვნებით
- 2 ჭიქა მოხარშული გრძელმარცვლოვანი თეთრი ბრინჯი
- 2 სუფრის კოვზი დაჭრილი ბრტყელფოთლიანი ოხრახუში

ინსტრუქციები:

a) გააცხელეთ ღუმელი 350°-ზე. შეასხურეთ დიდი საცხობი ფურცელი არაწებოვანი სპრეითდა დააყენეთ

b) გააცხელეთ 3 სუფრის კოვზი ზეთი დიდ ტაფაში და მოშუშეთ ნახევარი ხახვი, მწვანე ხახვი, ბულგარული წიწაკა და ნიორი. დაუმატეთ 1 ფუნტი კიბო და მოშუშეთ 5 წუთის განმავლობაში. მიღებული მასა გადაიტანეთ კვების პროცესორში და გახეხეთ ხორცის კონსისტენციამდე. მიღებული მასა გადაიტანეთთასში და დაუმატეთ1/4 ჩაის კოვზი მარილი, 1/4 ჩაის კოვზი წიწაკა, 1/4 ჩაის კოვზი კრეოლური სუნელი, პურის ნამსხვრევები და კვერცხი და კარგად აურიეთ

c) არაღრმა საცხობ ფორმაში მოათავსეთ 2/3 ჭიქა ფქვილი. გააბრტყელეთ ნარევი 1 დიუმიან ბურთულებად ბურთულები გააბრტყელეთ ფქვილში და მოათავსეთ საცხობ ფირფიტაზე. გამოაცხვეთ ბურთები ოამდენჯერმე გადაატრიალეთ სანამ

მთლიანად არ დაიბრაწება, დახლოებით35 წუთის განმავლობაში. დააყენეთგანზე.

d) დარჩენილი ზეთი გააცხელეთსაშუალო, მძიმე ქვაბში საშუალო და მაღალცეცხლზე. დაუმატეთდარჩენილი ფქვილი, განუწყვეტლივ ურიეთ სანამ არ გახდება არაქისის კარაქის ფერი. დაუმატეთ დარჩენილი ხახვი, ბულგარული წიწაკა და ნიორი და მოხარშეთ გამჭვირვალემდე. დაუმატეთბულიონი ან წყალი, ტომატის პასტა, დარჩენილი მარილი, პილპილი და კრეოლური სუნელი და კაიენის წიწაკა და ადუღეთთავდახურული 15 წუთის განმავლობაში.

e) დაჭერითდარჩენილი კიბოს კუდები და დაამატეთბისკვიტი და განაგრძეთ ხარშვა 15 წუთის განმავლობაში. გლუვი ბისკვიტისთვის ურიეთ ხელის ბლენდერით დაამატეთ კიბოს ბურთულები და ადუღეთკიდევ 5 წუთი.

f) მიირთვითთასებში ბრინჯზე. მოაყარეთხრახუში.

83. Crawfish Étouffée

იღებს 8-10 პორციას

ინგრედიენტები:

- 3/4 ჭიქა კარაქი ან მცენარეული ზეთი
- 3/4 ჭიქა უნივერსალური ფქვილი
- 1 დიდი ხახვი, დაჭრილი
- 1 კონა მწვანე ხახვი, დაჭრილი, თეთრი და მწვანე ნაწილები გამოყოფილი
- 1 მწვანე ბულგარული წიწაკა, დაჭრილი
- 3 ცალი ნიახურის ღერო, დაჭრილი.
- 4 დიდი კბილი ნიორი, დაჭრილი
- 3 სუფრის კოვზი ტომატის პასტა
- 6 ჭიქა ზღვის პროდუქტები ან წყალი
- ½ ჩაის კოვზი ხმელი თამი
- 3 დაფნის ფოთოლი
- 1 ჩაის კოვზი კრეოლური სუნელი
- 1 ჩაის კოვზი მარილი
- 1 სუფრის კოვზი ახალი ლიმონის წვენი
- კაიენის წიწაკა და ახლად დაფქული შავი პილპილი გემოვნებით
- 2-3 ფუნტი კიბოს კუდები ცხიმით
- 3 სუფრის კოვზი დაჭრილი ბრტყელფოთოლა ნიახური
- მოხარშული გრძელმარცვლოვანი თეთრი ბრინჯი, სერვირებისთვის

ინსტრუქციები:

a) დიდ მძიმე ქვაბში გაადნეთ კარაქი ან გააცხელეთ ზეთი საშუალო ცეცხლზე. დაუმატეთ ფქვილი და მუდმივად ურიეთ თუ კარაქს იყენებთ მოხარშეთ რუ, სანამ არ გახდება ქერა ან ოქროსფერი. თუ ზეთს იყენებთ განაგრძეთ ხარშვა, ურიეთ სანამ რუ საშუალო ყავისფერი არ გახდება. დაუმატეთ ხახვი, მწვანე ხახვის თეთრი ნაწილები, ბულგარული წიწაკა, ნიახური და ნიორი და მოშუშეთ ურიეთ გამჭვირვალემდე.

b) დაუმატეთ ტომატის პასტა, ბულიონი ან წყალი, ხახვი, დაფნის ფოთოლი, კრეოლური სუნელი, მარილი და ლიმონის წვენი, მოაყარეთ კაიენი და პილპილი და მიიყვანეთ ადუღებამდე. შეამცირეთ

ცეცხლი, დახურეთ თავსახური და ხარშეთ 20 წუთის განმავლობაში, დროდადრო აურიეთ და ზემოდან მოაშორეთ ცხიმი. დაუმატეთ კიბო, ოხრახუში და მწვანე ხახვი, მიიყვანეთ ადუღებამდე, შეამცირეთ ცეცხლი და ადუღეთ 10 წუთის განმავლობაში. მოაცილეთ დაფნის ფოთლები.

c) როდესაც მზადიქნება მიირთვათ ნელა გააცხელეთ და მიირთვით ბრინჯთან.

84. Crawfish Pies

აკეთებს 5 (5 დუიმიან) ინდივიდუალურ ღვეზელს

ინგრედიენტები:

- საკმარისი ცომი ორი 9 დუიმიანი ღვეზელისთვის (მაღაზიაში ნაყიდი კარგია)
- 2 ფუნტი კიბოს კუდები ცხიმით გაყოფილი
- 6 სუფრის კოვზი კარაქი
- 6 სუფრის კოვზი უნივერსალური ფქვილი
- 2 საშუალო ზომის ხახვი, დაჭრილი
- 1 მწვანე ბულგარული წიწაკა, დაჭრილი
- 4 კბილი ნიორი, დაჭრილი
- 2 ჭიქა ნახევარ-ნახევარი
- 4 სუფრის კოვზი შერი
- 2 სუფრის კოვზი ახალი ლიმონის წვენი
- 1 ჩაის კოვზი მარილი
- 15 ირთვება შავი პილპილის წისქვილზე
- 1 ჩაის კოვზი კაიენის წიწაკა
- 4 სუფრის კოვზი დაჭრილი ბრტყელფოთლიანი ოხრახუში
- 1 კვერცხის ცილა, ათქვეფილი

ინსტრუქციები:

a) გააცხელეთ ღუმელი 350°-ზე.

b) გააბრტყელეთ ღვეზელის ცომი 1/8 ინჩის სისქემდე. □ნდა გქონდეს

c) საკმარისი ცომი ხუთი 5-დუიმიანი ორმაგი ქერქიანი ღვეზელისთვის. ქვედა ქერქებისთვის შესაფერისი ზომის მისაღებად ერთ-ერთი ტაფა ცომზე თავდაყირა დადეთ და ცომი ტაფის კიდიდან 1 სანტიმეტრით დაჭერით საუკეთესო მორგებისთვის ზედა ქერქები უნდა გაიჭრას 5 ინჩზე. ქვედა ქერქები მოათავსეთ ღვეზელის ტაფაში და ზედა ქერქები ცივად შეინახეთ მაცივარში.

d) კვების პროცესორში დაჭერით კიბოს კუდების ნახევარი თითქმის დაფქვამდე. დანარჩენი მთლიანად დატოვეთ

e) გაადნეთ კარაქი საშუალო, მძიმე ქვაბში ან ღრმა ტაფაში საშუალო ცეცხლზე. დაუმატეთ ფქვილი და განუწყვეტლივ ურიეთ

სანამ რუხი ღია ყავისფერი არ გახდება. დაუმატეთ ხახვი და ბულგარული წიწაკა და მოშუშეთ დახლოებით 5 წუთის განმავლობაში. დაუმატეთ ნიორი და მოშუშეთ კიდევ 1 წუთი. დაამატეთ ნახევარ-ნახევარი, შერი, ლიმონის წვენი, მარილი, პილპილი, კაიენი და ოხრახუში და მოხარშეთ 5 წუთის განმავლობაში. დაამატეთ დაჭრილი და მთლიანი კიბო და მოხარშეთკიდევ 5 წუთი.

f) შეავსეთ თითოეული მომზადებული ღვეზელის ნაჭუჭი დახლოებით 1 ჭიქა კრავის შიგთავსით დაფარეთ ზედა ქერქებით და გახეხეთ კიდეები. ზედა ქერქში დავჭრათ რამდენიმე ნაპრალი და წავუსვათ კვერცხის ცილა. ღვეზელები დადეთ ფუნთუშების ფურცლებზე და გამოაცხვეთსანამ შიგთავსი არ გახდება ბუშტუკოვანი და ქერქები არ გახდება ოქროსფერი, დახლოებით1 საათის განმავლობაში.

85. ბინძური ბრინჯი

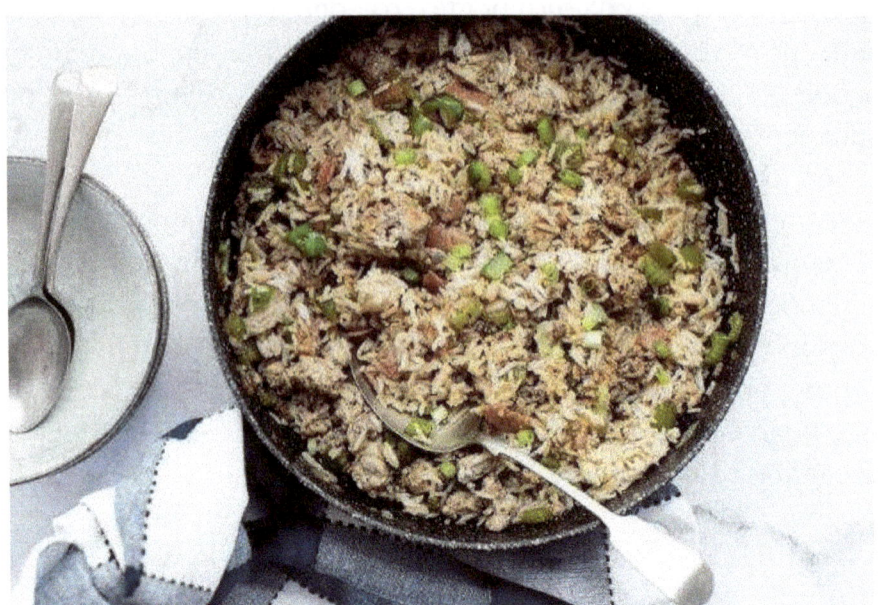

იღებს 8-10 პორციას

ინგრედიენტები:

- 3 ჭიქა წყალი
- 1 ½ ჭიქა გრძელმარცვლოვანი თეთრი ბრინჯი
- 1/4 პლუს 1 ჩაის კოვზი მარილი, გაყოფილი
- 2 სუფრის კოვზი მცენარეული ზეთი
- 1 ხახვი, დაჭრილი
- 6 მწვანე ხახვი, დაჭრილი, თეთრი და მწვანე ნაწილები გამოყოფილი
- 1 მწვანე ბულგარული წიწაკა, დაჭრილი
- 2 ცალი ნიახურის ღერო, დაჭრილი
- 3 კბილი ნიორი, დაჭრილი
- 1 ფუნტი საქონლის ხორცი
- 1 ფუნტი ქათმის ღვიძლი, დაჭრილი
- ½ ჩაის კოვზი ახლადდაფქული შავი პილპილი
- ½ ჩაის კოვზი კაიენის წიწაკა
- 1/3 ჭიქა დაჭრილი ბრტყელფოთლიანი ოხრახუში

ინსტრუქციები:

a) საშუალო ქვაბში წყალი მიიყვანეთ ადუღებამდე. დაამატეთ ბრინჯი და 1/4 ჩაის კოვზი მარილი. შეამცირეთ ცეცხლი დაბალ ცეცხლზე, დახურეთ თავსახური და ადუღეთ სანამ მთელი წყალი არ შეიწოვება, დაახლოებით20 წუთი.

b) საშუალო, მძიმე ქვაბში გააცხელეთ ზეთი და მოშუშეთ ხახვი, მწვანე ხახვის თეთრი ნაწილები, ბულგარული წიწაკა და ნიახური გამჭვირვალემდე. დაუმატეთ ნიორი და მოშუშეთ კიდევ ერთი წუთი. დაუმატეთ საქონლის ხორცი და ყავისფერი, აურიეთ დაუმატეთ ქათმის ღვიძლი და განაგრძეთ ხარშვა და მორევა, სანამ ხორცი და ღვიძლი არ მოიხარშება, დაახლოებით 10 წუთის განმავლობაში. დაუმატეთ წიწაკა და კაიენი, დააფარეთ თავზე და ადუღეთ 5 წუთის განმავლობაში.

c) შეურიეთ ოხრახუში და მწვანე ხახვის ზემოდან. ნაზად მოაყარეთ ბრინჯი. მიირთვით გვერდით ლუიზიანას ცხარე სოუსით

86. კვერცხები სარდუ

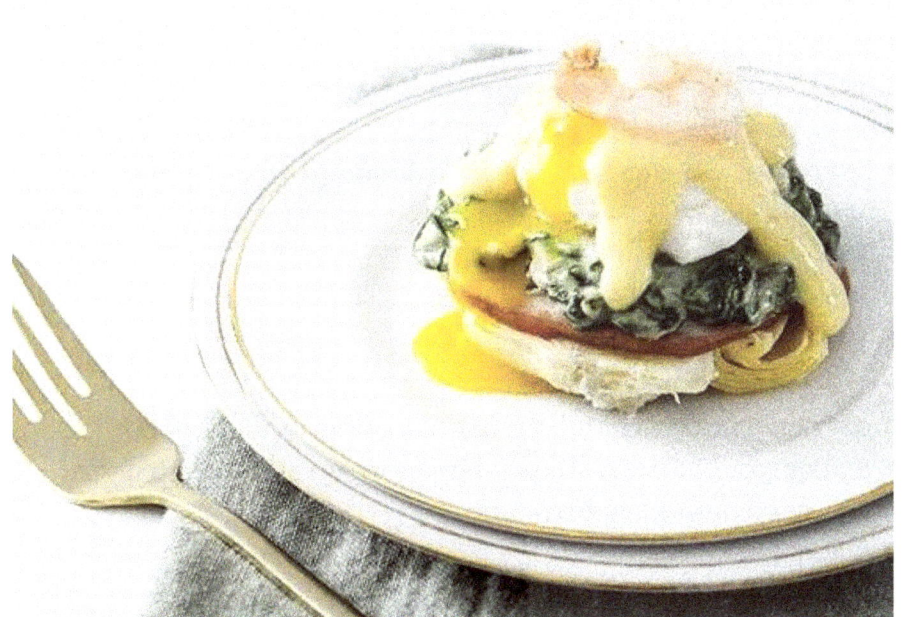

აკეთებს 4 პორციას

ინგრედიენტები:

ჰოლანდიური სოუსისთვის

- 2 დიდი კვერცხის გული
- 1 ½ სუფრის კოვზი ახალი ლიმონის წვენი
- 2 ცალი უმარილო კარაქი
- მარილი და ახლად დაფქული შავი პილპილი გემოვნებით

კვერცხებისთვის

- 2 (9 უნცია) ტომარა ახალი ისპანახი
- 1 სუფრის კოვზი ზეითუნის ზეთი
- 1 ჩაის კოვზი დაფქული ნიორი
- 1/3 ჭიქა მძიმე კრემი
- მარილი და ახლად დაფქული შავი პილპილი გემოვნებით
- 8 ახლად მოხარშული ან დაკონსერვებული არტიშოკის ძირი
- 2 სუფრის კოვზი თეთრი ძმარი
- 8 კვერცხი

ინსტრუქციები:

a) სოუსის მოსამზადებლად კვერცხის გული და ლიმონის წვენი მოათავსეთ ბლენდერში. პულსი რამდენჯერმე შეურიეთ

b) კარაქი გაადნეთ მინის ქვევრში მიკროტალღურ ღუმელში, ფრთხილად რომ არ მოიხარშოთ თანდათანობით დაასხით კარაქი კვერცხის ნარევში და აურიეთ სანამ არ გახდება შესქელებული, კრემისებრი სოუსი. მოაყარეთ მარილი და პილპილი.

c) კვერცხის გასაკეთებლად მოამზადეთ ისპანახი, შეწვით ზეითუნის ზეთში ქვაბში, ურიეთ სანამ არ გაფუჭდება და ჯერ კიდევ ღია მწვანე გახდება. შეურიეთ კრემი, მოაყარეთ მარილი და პილპილი და გაათბეთ

d) გააცხელეთ არტიშოკის ძირები და გაათბეთ

e) შეავსეთ ტაფა ან ზედაპირული ქვაბი 2 ½ ინჩი წყლით დაუმატეთ ძმარი და გააცხელეთ საშუალო ცხელებამდე.

f) სათითაოდ გატეხეთ 4 კვერცხი პატარა ჭიქაში და ნაზად დაასხით წყალში. კვერცხები ავთქვიფოთ სითხის ზევით ამოსვლამდე, შემდეგ კი კოვზით გადაბრუნეთ მოხარშეთ სანამ

ცილა არ გაიწელება, მაგრამ გულები ჯერ კიდევ ადუღდება. ამოიღეთ დაჭრილი კოვზით და გააშრეთ ქაღალდის პირსახოცებით გაიმეორეთ დარჩენილი კვერცხებით

g) დასხით თითო პორცია ისპანახი 4 თეფშზე. ისპანახის თავზე თითოეულ თეფშზე მოათავსეთ 2 არტიშოკის ფსკერი და თითოეულ არტიშოკს მოათავსეთ თითო კვერცხი. კოვზით დასხით ჰოლანდეზის სოუსი და მიირთვით დაუყოვნებლივ.

87. გრილები და გრილადები

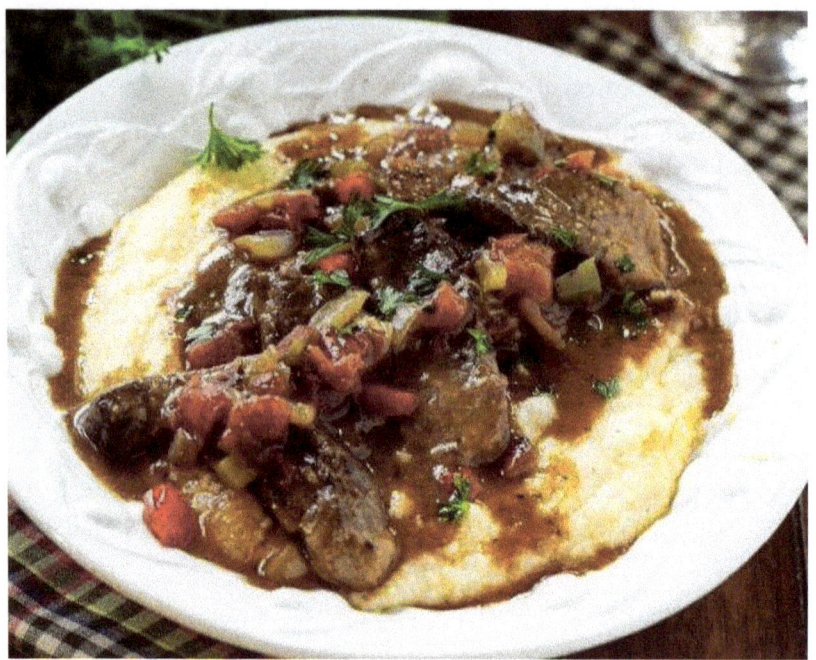

იელბს 6 პორციას

ინგრედიენტები:

- 1 (3 ფუნტი) მრგხის ან ხბოს მრგვალი სტეიკი, დაჭრილი დახლებით1/4 ინჩის სისქემდე
- მარილი და ახლადდაფქული შავი პილპილი გემოვნებით
- 1 ჭიქა უნივერსალური ფქვილი
- 3/4 ჭიქა მცენარეული ზეთი, გაყოფილი
- 1 დიდი ხახვი, დაჭრილი
- 1 მწვანე ბულგარული წიწაკა, დაჭრილი
- 1 კონა მწვანე ხახვი, დაჭრილი, მწვანე და თეთრი ნაწილები გამოყოფილი
- 3 კბილი ნიორი, დაჭრილი
- 1 დიდი პომიდორი, დაჭრილი
- 1 სუფრის კოვზი ტომატის პასტა
- ½ ჭიქა წითელი ღვინო
- 3 ჭიქა წყალი
- 1 ჩაის კოვზი წითელი ღვინის ძმარი
- ½ ჩაის კოვზი ხმელი თამი
- 1 სუფრის კოვზი Worcestershire სოუსი
- მარილი, ახლადდაფქული შავი პილპილი და კრეოლური სუნელი გემოვნებით
- 3 სუფრის კოვზი დაჭრილი ბრტყელფოთლიანი ოხრახუში
- გრილი 6 ცალი, მოხარშული შეფუთვის ძიხედვით ინსტრუქცია.

ინსტრუქციები:

a) საქონლის ხორცი დავჭრათ დახლებით2 × 3 ინჩის ნაჭრებად ორივე მხრიდან უხვადმოაყარეთმარილი და პილპილი.

b) გააცხელეთ1/4 ჭიქა ზეთი დიდ მძიმე ტაფაში და მოათავსეთ ფქვილი არაღრმა თასში ან თეფშში. სტეიკის თითოეული ნაჭერი ჩაასხით ფქვილში, გადაწურეთ ზედმეტი და შებრაწეთ ორივე მხრიდან. გადაიტანეთხორცი ქაღალდის პირსახოცებზე.

c) ტაფაში დაამატეთდარჩენილი ზეთი და მოშუშეთხახვი, მწვანე ხახვის თეთრი ნაწილები, ბულგარული წიწაკა და ნიორი გამჭვირვალემდე. დაუმატეთ პომიდორი, ტომატის პასტა, ღვინო,

წყალი, ძმარი, ვორჩესტერშირის სოუსი და ხორცი და მოაყარეთ მარილი, პილპილი და კრეოლური სუნელი. მიიყვანეთ ადუღებამდე. შეამცირეთ ცეცხლი, დახურეთ თავსახური და ადუღეთ სანამ ხორცი არ გახდება რბილი, დაახლოებით 1 ½ საათი. დაუმატეთ ოხრახუში და მწვანე ხახვის ზემოდან და მიირთვით ცხელი.

88. Natchitoches ხორცის ღვეზელები

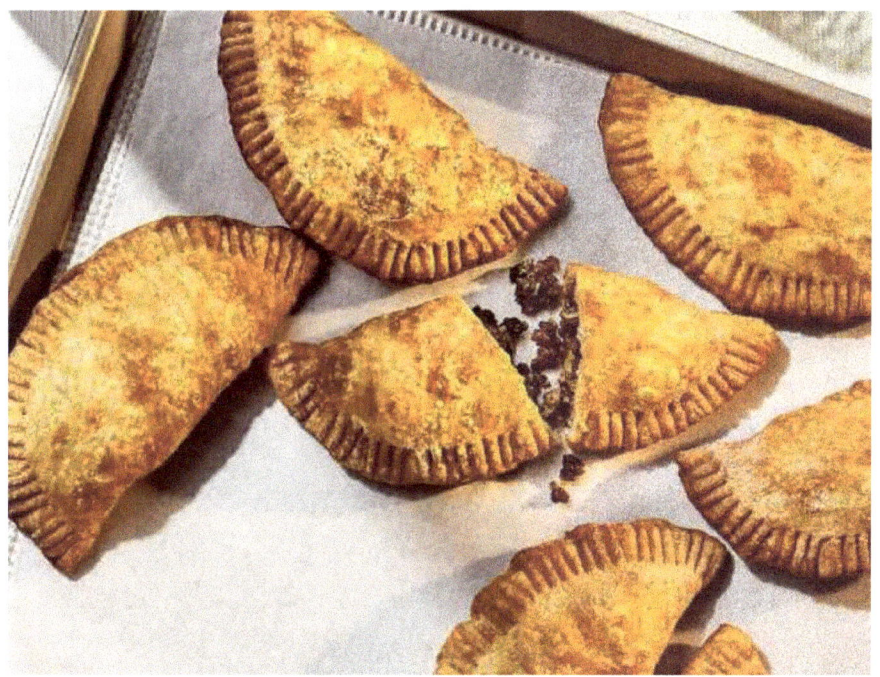

გამოდის დახლოებით24

ინგრედიენტები:

- 2 სუფრის კოვზი მცენარეული ზეთი
- 1 დიდი ხახვი, დაჭრილი
- 6 მწვანე ხახვი, დაჭრილი
- 1 მწვანე ბულგარული წიწაკა, დაჭრილი
- 3 კბილი ნიორი, დაჭრილი
- 1 ფუნტი საქონლის ხორცი
- 1 ფუნტი დაფქული ღორის ხორცი
- 1 ჩაის კოვზი კრეოლური სუნელი
- ½ ჩაის კოვზი მარილი
- ½ ჩაის კოვზი ახლადდაფქული შავი პილპილი
- 1/4 ჩაის კოვზი კაიენის წიწაკა
- 1/4 ჭიქა უნივერსალური ფქვილი
- 1 შეკვრა (2 ქერქი) მაცივრიანი პური
- 2 კვერცხის ცილა, ათქვეფილი

ინსტრუქციები:

a) დიდ მძიმე ტაფაში გააცხელეთ ზეთი. დაამატეთ ბოსტნეული და მოშუშეთ გამჭვირვალემდე. დაამატეთ ხორცი და მოხარშეთ დროდადრო აურიეთ მაღალ ცეცხლზე რამდენიმე წუთის განმავლობაში. შეამცირეთ ცეცხლი და გააგრძელეთ ხარშვა, დაჭერითხორცი კოვზით სანამ კარგადარშეიბრაწება. დაუმატეთ სანელებლები და ფქვილი და გააგრძელეთ ხარშვა 10 წუთის განმავლობაში. გადმოიღეთ ცეცხლიდან. შიგთავსის მომზადება შესაძლებელია წინასწარ და შედგითმაცივარში, სანამ მზადარ იქნებითგამოსაყენებლად

b) როცა ღვეზელების გასაკეთებლად მზად იქნებით გააცხელეთ ღუმელი 350°-ზე. შეასხურეთ 2 ფუნთუშა ფურცელი არაწებოვანი სამზარეულოს სპრეით

c) გაცივებული პიკრუსტები დადეთ ბრტყელ ზედაპირზე და გააბრტყელეთოდნავ თხელი. საშუალო ზომის ბისკვიტის საჭრელით ამოჭერით წრეები. თითოეული წრის ერთ ნახევარზე მოათავსეთ შიგთავსის სავსე სუფრის კოვზი, კიდე გამჭვირვალე დატოვეთ ეს

იქნება ტორტის ქვედა ნაწილი. შეავსეთ პატარა თასი წყლით ჩაყარეთ თითო წყალში და დაასველეთ ცომის ქვედა ნახევრის კიდე და ზემოდან მოაყარეთ ბრუნვა. დახურეთ კიდეები ჩანგლის ღერძებით და მოათავსეთ ლევზელები ერთმანეთისგან დახლოებით 1 სანტიმეტრის დაშორებით მომზადებულ ფუნთუშების ფურცელზე.
d) ლევზელებს კვერცხის ცილა წაუსვით და თითოეული ლევზელის თავზე რამდენიმე პატარა ჭრილი გააკეთეთ გამოაცხვეთ სანამ ოქროსფერი არ გახდება.

89. ხელთა არტიშოკის წვნიანი

იღებს 6-8 პორციას

ინგრედიენტები:

- 3 ათეული შეკუმშული ხამანწკა თავისი ლიქიორით პლუს დამატებითი ლიქიორი, თუ შესაძლებელია
- 1 ჯოხი კარაქი
- ½ ჭიქა უნივერსალური ფქვილი
- 1 დიდი ხახვი, დაჭრილი
- 6 მწვანე ხახვი, დაჭრილი, თეთრი და მწვანე ნაწილები გამოყოფილი
- 2 ცალი ნიახურის ღერო, დაჭრილი
- 4 დიდი კბილი ნიორი, დაჭრილი
- 6 ჭიქა ხამანწკის ლიქიორი და ზღვის პროდუქტების ბულიონი (ან, მცირე რაოდენობით ქათმის ბულიონი)
- 1 (14 უნცია) ქილა არტიშოკის გულები მეოთხედში, გამოწურული და ნაჭრის ზომის ნაჭრებად
- 1/4 ჩაის კოვზი კაიენის წიწაკა
- 1 ჩაის კოვზი კრეოლური სუნელი
- ½ ჩაის კოვზი ნიახურის მარილი
- 1 ჩაის კოვზი Worcestershire სოუსი
- მარილი და ახლად დაფქული შავი პილპილი გემოვნებით
- 1 ჭიქა ნახევარ-ნახევარი
- 2 სუფრის კოვზი დაჭრილი ბრტყელფოთლიანი ოხრახუში

ინსტრუქციები:

a) გაწურეთ ხამანწკები და შეინახეთ ლიქიორი. შეამოწმეთ ხამანწკები ნაჭუჭის ფრაგმენტებისთვის და დააყენეთ

b) მძიმე ქვაბში გაადნეთ კარაქი დაბალ ცეცხლზე და დაუმატეთ ფქვილი, განუწყვეტლივ ურიეთ სანამ არ გახდება სქელი და არ დაიწყებს შეფერილობას (ქერა რუხი). დაუმატეთ ხახვი, მწვანე ხახვის თეთრი ნაწილები და ნიახური და მოშუშეთ გაშრობამდე. დაუმატეთ ნიორი და მოშუშეთ კიდევ ერთი წუთი.

c) დაუმატეთ ხამანწკის ლიქიორი, ბულიონი, ტოპინამბური, კაიენის წიწაკა, კრეოლური სუნელი, ნიახურის მარილი და ვორესტერშირის სოუსი და მოაყარეთ მარილი და პილპილი

(დაიწყეთ ცოტაოდენი მარილით რადგან ხამანწკები შეიძლება მარილიანი იყოს). დააფარეთ და ხარშეთ10 წუთის განმავლობაში. დაუმატეთ ნახევარ-ნახევარი, მიიყვანეთ თითქმის ადუღებამდე და დაუმატეთ ხამანწკები. შეამცირეთ ცეცხლი და ხარშეთ რამდენიმე წუთის განმავლობაში ან სანამ ხამანწკები არ დახვეულა. გამორთეთ ცეცხლი და მოაყარეთ მწვანე ხახვის ზემოდან და ოხრახუში. სუფრაზე მიტანის წინ დარეგულირეთ სანელებლები.

90. ხელდა გასახდელო

245

იღებს 8-10 პორციას

ინგრედიენტები:

- 1 დღის პური ფრანგული პური, ნაჭრებადდახეული (9 მსუბუქად შეფუთული ჭიქა)
- 3 ათეული შეკუმშული ხამანწკა, დაწურული და ლიქიორი დაცულია
- ხამანწკის ლიქიორი პლუს ქათმის ან ინდაურის ბულიონი საკმარისია 2 ჭიქის მოსამზადებლად
- 1 ჯოხი კარაქი
- 1 ხახვი, დაჭრილი
- 1 კონა მწვანე ხახვი, დაჭრილი
- 3 ცალი ნიახურის ღერო, დაჭრილი
- 3 კბილი ნიორი, დაჭრილი
- 3 სუფრის კოვზი დაჭრილი ბრტყელფოთლიანი ოხრახუში
- ½ ჩაის კოვზი მარილი, ან გემოვნებით
- 12 ირთვება შავი პილპილის წისქვილზე
- ½ ჩაის კოვზი კაიენის წიწაკა, ან გემოვნებით
- 1 ჩაის კოვზი დაფქული სალბი
- 2 კვერცხი, ათქვეფილი

ინსტრუქციები:

a) პური მოათავსეთ დიდთასში, დაფარეთბულიონი და გააჩერეთ1 საათით შეამოწმეთ ხამანწკები და ამოიღეთ ჭურვის ფრაგმენტები.
b) გააცხელეთ ღუმელი 350°-ზე. ტაფაში გაადნეთ კარაქი და მოშუშეთ ხახვი და ნიახური გამჭვირვალემდე. დაუმატეთ ნიორი და მოშუშეთ კიდევ ერთი წუთი. პურს დაუმატეთ ბოსტნეული, ოხრახუში, სანელებლები და კვერცხი. □ურიეთკარგად
c) მოაყარეთ დრესინგი 11 × 13 დიუმიანი საცხობ ფორმაში ან 2 პატარა ფორმაში და გამოაცხვეთ ზემოდან შესიებამდე და ოქროსფერი ყავისფერით დახლოებით45 წუთის განმავლობაში.

91. Oyster Pot Pie

იღებს 6 პორციას

ინგრედიენტები:

- 2 ათეული დიდი ან 3 ათეული პატარა შეკრული ხამანწკა, თავისი ლიქიორით
- 1 ჭიქა დაჭრილი ახალი სოკო
- 1 სუფრის კოვზი კარაქი
- 4 სუფრის კოვზი მცენარეული ზეთი
- 4 სუფრის კოვზი უნივერსალური ფქვილი
- 6 მწვანე ხახვი, დაჭრილი, თეთრი და მწვანე ნაწილები გამოყოფილი
- ½ მწვანე ბულგარული წიწაკა, დაჭრილი
- 1 ცალი ნიახურის ღერი, დაჭრილი
- 2 დიდი კბილი ნიორი, დაჭრილი
- 1/4 ჭიქა ანდუილი ძეხვი ან შებოლილი ლორი, დაჭრილი 1/4 ინჩის ნაჭრებად
- 1 ჩაის კოვზი კრეოლური სუნელი
- 1 ჩაის კოვზი Worcestershire სოუსი
- 2 ცალი ტაბასკოს სოუსი
- 2 სუფრის კოვზი დაჭრილი ბრტყელფოთლიანი ოხრახუში
- მარილი და ახლადდაფქული შავი პილპილი გემოვნებით
- 2 კერძი, ხელნაკეთი ან მაღაზიაში ნაყიდი, მაცივარში
- 1 კვერცხის ცილა, ათქვეფილი

ინსტრუქციები:

a) გაწურეთ ხამანწკები და დასხით ალვოჰილი დიდ საზომ ჭიქაში; დაამატეთ იმდენი წყალი, რომ მიიღოთ 1 ჭიქა. შეამოწმეთ ხამანწკები ნაჭუჭის ფრაგმენტებისთვის და დააყენეთ

b) გააცხელეთ კარაქი პატარა ტაფაში და მოშუშეთ სოკო, სანამ არ გაფუჭდება. დააყენეთ განზე.

c) დიდ ტაფაში ან საშუალო ქვაბში გააცხელეთ ზეთი მაღალ ცეცხლზე; დაუმატეთ ფქვილი და განუწყვეტლივ ურიეთ, სანამ რუხი არ დაიწყებს შეწითლებას. შეამცირეთ ცეცხლი საშუალოზე და მოხარშეთ მუდმივად ურიეთ სანამ რუხი რძის შოკოლადის ფერი არ გახდება. დაუმატეთ ხახვი, მწვანე ხახვის თეთრი ნაწილები,

ბულგარული წიწაკა და ნიახური და მოშუშეთსანამ არ გაშრება. დაამატეთ ნიორი და მოშუშეთ კიდევ ერთი წუთი. დაამატეთ ხამანწკის ლიქიორი, მეხვი ან ლორი, კრეოლური სუნელი, Worcestershire სოუსი და ტაბასკოს სოუსი. დააფარეთსახურავი, შეამცირეთ ცეცხლი ადუღებამდე და ადუღეთ 15 წუთის განმავლობაში.

d) აწიეთცეცხლი საშუალოზე და დაუმატეთსოკო და ხამანწკები. მოხარშეთ ხამანწკების დახვევამდე, დახლოებით 4 წუთის განმავლობაში. გამორთეთ ცეცხლი და მოურიეთ მწვანე ხახვის ზემოდან და ოხრახუში. მოაყარეთმარილი და პილპილი. მაგარია.

e) გააცხელეთ ღუმელი 350°-ზე. ტორტის ფორმაში მოათავსეთ ერთ-ერთი ქერქი. დაუმატეთხამანწკის ნაზავი და დააფარეთზედა ქერქით კიდეებს შეკუმშვით ორთქლის გასათავისუფლებლადზედა ქერქში გაჭერით რამდენიმე ნაპრალი და ქერქს კვერცხის ცილი წაუსვით გამოაცხვეთ45 წუთის განმავლობაში ან სანამ ცომი არ დაიბრაწება.

92. ხელთა ა როკფელერის წვნიანი

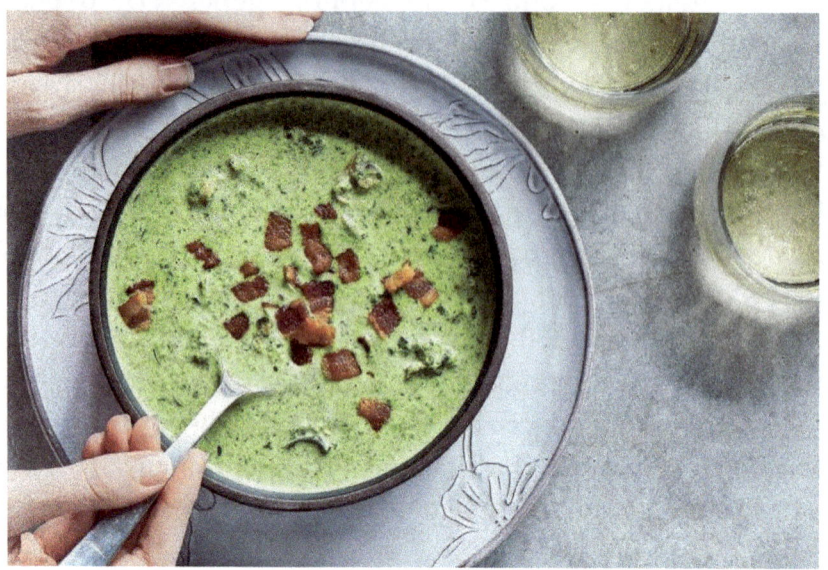

იღებს 6 პორციას

ინგრედიენტები:

- 1 ლიტრი შეკუმშული ხამანწკები თავისი ლიქიორით ან 3 ათეული ხამანწკა 3-5 ჭიქა ლიქიორით
- 1 ჯოხი კარაქი
- ½ ჭიქა უნივერსალური ფქვილი
- 1 კონა მწვანე ხახვი, დაჭრილი
- ½ ჭიქა დაჭრილი მწვანე ბულგარული წიწაკა
- ½ ჭიქა დაჭრილი ნიახური
- 1 ჩაის კოვზი დაფქული ნიორი
- 1 (10 უნცია) ყუთი გაყინული დაჭრილი ისპანახი, გალღობილი
- 1/4 ჭიქა დაჭრილი ახალი ტკბილი რეჰანი
- 5 ჭიქა ხელთაა ლიქიორი და/ან ზღვის პროდუქტები
- 2 სუფრის კოვზი Herbsaint ან Pernod
- ½ ჩაის კოვზი კრეოლური სუნელი
- ტაბასკოს სოუსი, გემოვნებით
- 2 ჩაის კოვზი Worcestershire სოუსი
- თეთრი წიწაკა, გემოვნებით
- ½ ჭიქა დაჭრილი ბრტყელფოთლოვანი ოხრახუში
- 1 ჭიქა ნახევარ-ნახევარი
- მარილი, გემოვნებით

ინსტრუქციები:

a) გაწურეთ ხამანწკები, შეინახეთ ლიქიორი. შეამოწმეთ ხამანწკები და გადააგდეთ ნებისმიერი ნაჭუჭი. დააყენეთ განზე.

b) დიდ მძიმე ქვაბში გაადნეთ კარაქი. დაუმატეთ ფქვილი და გამუდმებით ურიეთ საშუალო ცეცხლზე, რომ მიიღოთ ქერა რუხი. დაუმატეთ ხახვი, ბულგარული წიწაკა და ნიახური და მოშუშეთ გამჭვირვალემდე. დაუმატეთ ნიორი, ისპანახი და რეჰანი და მოშუშეთ კიდევ ერთი წუთი. თანდათან დაუმატეთ ხამანწკის ლიქიორი და/ან ზღვის პროდუქტები და ურიეთ სანამ კარგად არ გახდება. დაამატეთ Herbsaint ან Pernod, Creole სანელებლები, Tabasco სოუსი და Worcestershire სოუსი და სეზონი წიწაკა.

დაფარეთ სახურავი, შეამცირეთ ცეცხლი დაბალ ცეცხლზე და ადუღეთ15 წუთის განმავლობაში.

c) დაგემოვნეთ და დარეგულირეთ სანელებლები. ამ დროს დაამატეთ მარილი, საჭიროების შემთხვევაში, იმისდა მიხედვით თუ რამდენად მარილიანია ხამანწკები. დაუმატეთ ოხრახუში, ნახევარ-ნახევარი და ხამანწკები და ადუღეთ სანამ ხამანწკები არ დაიხვევს, წუთი ან 2. მიირთვით უმრავ ცხელ ფრანგულ პურთან ერთად

93. Redfish Court Bouillon

ილებს 4-6 პორციას

ინგრედიენტები:

- 1 (3-დან 4 ფუნტამდე) მკვრივი, თეთრხორციანი თევზი, როგორიცაა წითელი თევზი ან წითელი თევზი
- 3 სუფრის კოვზი ექსტრა ხელუხლებელი ზეითუნის ზეთი
- 1 საშუალო ხახვი, დაჭრილი
- 3 მწვანე ხახვი, დაჭრილი
- ½ მწვანე ბულგარული წიწაკა, დაჭრილი
- 1 ცალი ნიახურის ღერი, დაჭრილი
- 3 კბილი ნიორი, დაჭრილი
- 1 დიდი პომიდორი, დაჭრილი
- 1 (15 უნცია) ქილა ტომატის სოუსი
- 1 ლიმონის წვენი
- 1 სუფრის კოვზი Worcestershire სოუსი
- 1/4 ჭიქა წითელი ღვინო
- ½ ჩაის კოვზი ხმელი თამი, ან 2 ჩაის კოვზი ახალი დაჭრილი
- ½ ჩაის კოვზი გამხმარი რეჰანი, ან 2 ჩაის კოვზი ახალი დაჭრილი
- ½ ჩაის კოვზი კაიენის წიწაკა
- 1 ჩაის კოვზი შაქარი
- მარილი და ახლადდაფქული შავი პილპილი გემოვნებით
- 2 სუფრის კოვზი დაჭრილი ბრტყელფოთლიანი ოხრახუში

ინსტრუქციები:

a) გააცხელეთ ღუმელი 350°-ზე. მოაშორეთ თევზს დარჩენილი ქერქი და კარგად ჩამოიბანეთ გააშრეთ და მოათავსეთ დიდ საცხობ ფორმაში 2 დიუმიანი გვერდებით შედგით მაცივარში, სანამ სოუსი მზადდება.

b) საშუალო, მძიმე ქვაბში გააცხელეთ ზეთი და მოშუშეთ ხახვი, ბულგარული წიწაკა, ნიახური და ნიორი გამჭვირვალემდე. დაუმატეთ პომიდორი, ტომატის სოუსი, ლიმონის წვენი, ვორესტერშირის სოუსი, ღვინო, თამი, რეჰანი, კაიენის წიწაკა და შაქარი და მოაყარეთ მარილი და პილპილი. მიიყვანეთ

ადუღებამდე, შეამცირეთ ცეცხლი დაბალ ცეცხლზე და ხარშეთ თავდახურული 30 წუთის განმავლობაში.

c) დაუმატეთ ოხრახუში, დააგემოვნეთ და შეცვალეთ სანელებლები.

d) ცოტაოდენი სოუსი წაუსვით საცხობი ტაფის ძირს. მთელ თევზს მოაყარეთ მარილი და პილპილი და მოათავსეთ ტაფაში. დაფარეთ თევზი სოუსით მოათავსეთ სხეულის ღრუში. გამოაცხვეთ თავდახურული 30 წუთის განმავლობაში, ან სანამ თევზი მხოლოდ ცენტრში არ გაიყინება (დანის გამოყენებით თევზის ყველაზე სქელ ნაწილზე ხორცი ადვილად მოიშორებს ძვალს). გადააფარეთ ფოლგა და გაათბეთ სუფრასთან მიტანამდე.

94. წითელ ლობიოდ ბრინჯი

იღებს 8-10 პორციას

ინგრედიენტები:

- 1 ფუნტი ხმელი ლობიო
- 2 სუფრის კოვზი მცენარეული ზეთი
- 1 დიდი ხახვი, დაჭრილი
- 1 კონა მწვანე ხახვი, დაჭრილი, თეთრი და მწვანე ნაწილები გამოყოფილი
- 1 მწვანე ბულგარული წიწაკა, დაჭრილი
- 2 ცალი ნიახურის ღერო, დაჭრილი
- 4 კბილი ნიორი, დაჭრილი
- 6 ჭიქა წყალი
- 3 დაფნის ფოთოლი
- ½ ჩაის კოვზი ხმელი თამი
- 1 ჩაის კოვზი კრეოლური სუნელი
- 1 ლორის ძვალი ცოტა ლორით სასურველია, ან 2 ლორის ნაჭერი ან ½ ფუნტი ლორის ნაჭერი
- მარილი და ახლადდაფქული შავი პილპილი გემოვნებით
- 1 ფუნტი შებოლილი ძეხვი, დაჭრილი ½ ინჩის სისქის მრგვალებად
- 2 სუფრის კოვზი დაჭრილი ბრტყელფოთლიანი ოხრახუში, პლუს მეტი მირთმევისთვის
- მოხარშული გრძელმარცვლოვანი თეთრი ბრინჯი, სერვირებისთვის

ინსტრუქციები:

a) ლობიო მოათავსეთ დიდ ქვაბში, დაფარეთ წყლით გააჩერეთ ღამით და გადაწურეთ

b) დიდ მძიმე ქვაბში გააცხელეთ ზეთი და მოშუშეთ ხახვი, მწვანე ხახვის თეთრი ნაწილები, ბულგარული წიწაკა, ნიახური და ნიორი.

c) დიდტაფაში შეწვითძეხვი. დააყენეთგანზე.

d) ქვაბში დაამატეთ ლობიო, წყალი, დაფნის ფოთოლი, ხახვი, კრეოლური სუნელი და ლორი და მიიყვანეთ ადუღებამდე. შეამცირეთ ცეცხლი, დახურეთ თავსახური და ხარშეთ 2 საათის განმავლობაში, დროდადრო ურიეთ მოხარშვის დასრულებამდე 30 წუთით ადრე დაუმატეთ სოსისი.

e) ამოიღეთ დაფნის ფოთლები, შეურიეთ ოხრახუში და მიირთვით თასებში ბრინჯთან ერთად სურვილისამებრ, თასებს მოაყარეთ მეტი ოხრახუში.

95. Shrimp & Grits

იღებს 6 პორციას

ინგრედიენტები:

- 3 ფუნტი დიდი კრევეტები (დაახლოებით 15-დან 20 ფუნტამდე), გახეხილი და გახეხილი
- 5 სუფრის კოვზი კარაქი, გაყოფილი
- 8 მწვანე ხახვი, დაჭრილი
- 5 დიდი კბილი ნიორი, დაჭრილი
- 1 ლიმონის ცედრა და წვენი
- 1/3 ჭიქა მშრალი თეთრი ღვინო
- 1 სუფრის კოვზი Worcestershire სოუსი
- 1 ჩაის კოვზი იტალიური სუნელი
- ახლად დაფქული შავი პილპილი გემოვნებით
- ½ ჩაის კოვზი პლუს 1/4 ჩაის კოვზი მარილი, გაყოფილი
- 1 ჩაის კოვზი კრეოლური სუნელი
- 2 სუფრის კოვზი დაჭრილი ბრტყელფოთლიანი ოხრახუში
- 1 ჭიქა სწრაფი ლეღვილი
- 4 1/4 ჭიქა წყალი
- 1/4 ჭიქა ახლადგახეხილი პარმეზანი

ინსტრუქციები:

a) გაადნეთ4 სუფრის კოვზი კარაქი დიდ მძიმე ტაფაზე საშუალო ცეცხლზე. დაუმატეთ ხახვი და ნიორი და მოშუშეთ გაშრობამდე. დაამატეთ კრევეტები და მოურიეთ რამდენიმე წუთის განმავლობაში, სანამ არ გახდება ვარდისფერი. დაამატეთ ლიმონის ცედრა და წვენი, ღვინო, Worcestershire სოუსი, იტალიური სუნელი, წიწაკა, კრეოლური სუნელი და ½ ჩაის კოვზი მარილი და ადუღეთ დახლოებით 3 წუთის განმავლობაში. კრევეტები ზედმეტად არ მოხარშოთ. გადმოიღეთ ცეცხლიდან და მოაყარეთ ოხრახუში.

b) მარცვლების მოსახარშად დიდ ქვაბში წყალი მიიყვანეთ ადუღებამდე და თან აურიეთ დაუმატეთ ღვეზელები. დაამატეთ დარჩენილი მარილი. დაფარეთ სახურავი, შეამცირეთ ცეცხლი დაბალცეცხლზე და ადუღეთდახლოებით10 წუთის განმავლობაში. გადმოიღეთ ცეცხლიდან და შეურიეთ პარმეზანი და დარჩენილი კარაქი. მიირთვით კრევეტები მარცვლებზე თეფშებზე ან თასებში.

96. კრევეტების რემოლადი

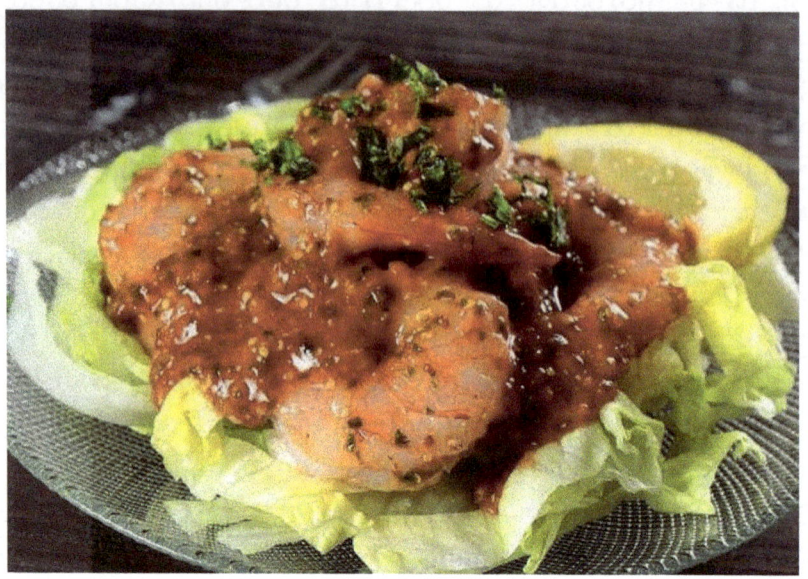

იღებს 6-8 პორციას

ინგრედიენტები:

- ½ ჭიქა დაჭრილი მწვანე ხახვი
- ½ ჭიქა დაჭრილი ნიახური
- 1/4 ჭიქა დაჭრილი ბრტყელფოთლიანი ოხრახუში
- 2 კბილი ნიორი, დაჭრილი
- ½ ჭიქა ახალი ხახვი (იპოვება სასურსათო მაღაზიების მაცივარში)
- ½ ჭიქა კეტჩუპი
- 3/4 ჭიქა კრეოლური მდოგვი
- 2 სუფრის კოვზი Worcestershire სოუსი
- 3 სუფრის კოვზი ახალი ლიმონის წვენი
- 1/8 ჩაის კოვზი კაიენის წიწაკა
- მარილი, ახლად დაფქული შავი პილპილი და კაიენის პილპილი გემოვნებით
- 3 ფუნტი მსხვილი გახეხილი და გახეხილი კრევეტები
- გახეხილი სალათა, დაახლოებით4 ჭიქა

ინსტრუქციები:

a) თასში შეურიეთ ყველა ინგრედიენტი კრევეტებისა და სალათის ფოთლის გარდა და კარგად აურიეთ დაგემოვნეთ და დაარეგულირეთ სანელებლები.

b) მიტანამდე რამდენიმე საათით ადრე მოათავსეთ კრევეტები თასში. თანდათან აურიეთ სოუსი, სანამ კონსისტენცია არ იქნება თქვენი სურვილისამებრ. ზოგს შეიძლება ურჩევნია ყველა გასახდელი და ზოგს ნაკლები. მიირთვით გახეხილ სალათზე.

97. წიწაკის ჟელე

ამზადებს 8-10 პატარა ქილებს

ინგრედიენტები:

- 6–8 დიდი ხალაპენოწიწაკა, დაჭრილი, ½ ჭიქამდე
- 1/3 ჭიქა დაფქული მწვანე ბულგარული წიწაკა
- 6 ½ ჭიქა შაქარი
- 1 ½ ჭიქა წითელი ღვინის ძმარი
- 1 (6-უნცია) ბოთლი Certo ან 2 (3-უნცია) შეფუთვა
- 6 წვეთი წითელი ან მწვანე საკვები შეღებვა

ინსტრუქციები:

a) წიწაკას ამოიღეთ ღეროები და თესლი და დაჭერით ძალიან წვრილად ან დაამუშავეთ კვების პროცესორში. საშუალო ზომის ქვაბში აურიეთ ყველა ინგრედიენტი სერტოს გარდა და კარგად აურიეთ მიიყვანეთ ადუღებამდე და ადუღეთ 2-3 წუთის განმავლობაში, ხშირად ურიეთ გადმოიღეთ ცეცხლიდან და მოურიეთ სერტო. ჩაასხით სტერილიზებულ ჟელეს ქილებში და დახურეთ

b) მიირთვითნაღების ყველით კრეკერით გასავრცელებლად

98. ჩაყრილი მირლიტონები

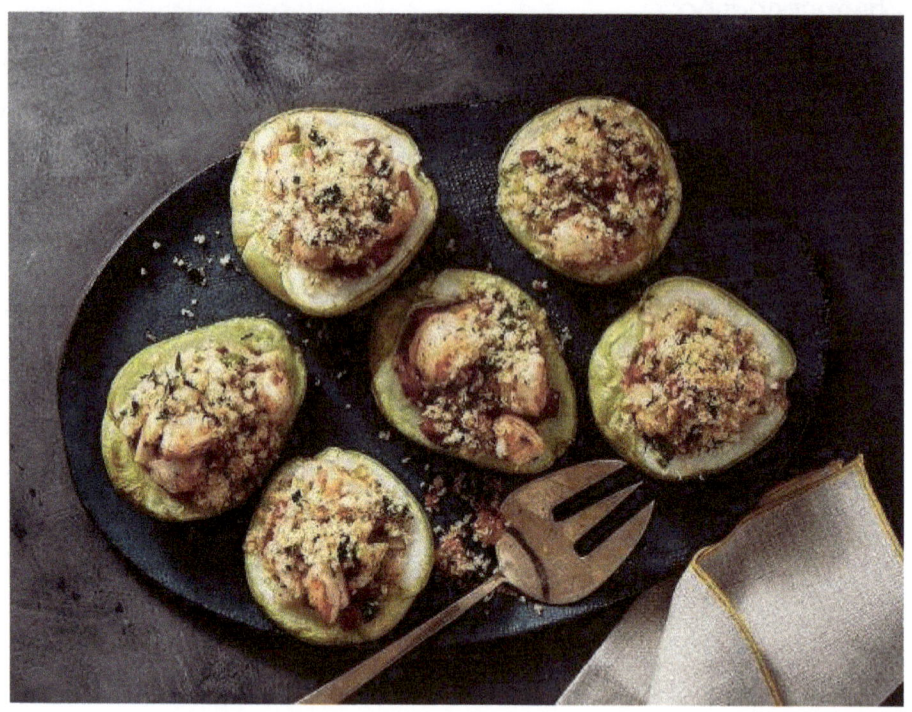

იღებს 6-8 პორციას (1-2 მირლიტონის ნახევარი თითო პორციაზე)

ინგრედიენტები:

- 6 მირლიტონი
- 7 სუფრის კოვზი კარაქი, გაყოფილი
- 1 საშუალო ხახვი, დაჭრილი
- 1 კონა (6–8) მწვანე ხახვი, დაჭრილი, თეთრი და მწვანე ნაწილები გამოყოფილი
- 2 ცალი ნიახურის ღერო, დაჭრილი
- 4 კბილი ნიორი, დაჭრილი
- 1 ჩაის კოვზი იტალიური სუნელი
- 1 ჩაის კოვზი ტაბასკოს სოუსი
- 1 სუფრის კოვზი ახალი ლიმონის წვენი
- მარილი და ახლად დაფქული შავი პილპილი გემოვნებით
- 2 ფუნტი საშუალო ზომის კრევეტები, გახეხილი და გახეხილი, ან 1 ფუნტი გასუფთავებული გაყინული კრევეტები, გალღობილი
- 1 ფუნტი კრაბის ხორცი
- 1 1/4 ჭიქა იტალიური პურის ნამსხვრევები, გაყოფილი

ინსტრუქციები:

a) დიდ ქვაბში მოხარშეთ მირლიტონები მთლიანად სანამ არ დარბილდება, ჩანგლით დაჭერით დაახლოებით 1 საათი. გადაწურეთ და გააგრილეთ

b) ამასობაში დიდ ტაფაზე გაადნეთ 4 სუფრის კოვზი კარაქი. დაუმატეთ ხახვი, მწვანე ხახვის თეთრი ნაწილები და ნიახური და მოშუშეთ გამჭვირვალემდე. დაუმატეთ ნიორი და მოშუშეთ კიდევ ერთი წუთი. დაუმატეთ სანელებლები და ლიმონის წვენი და გადმოდგით ცეცხლიდან.

c) მირლიტონები გაჭერით შუაზე სიგრძეზე და ამოიღეთ თესლი. ამოიღეთ ხორცი, დატოვეთ დაახლოებით 1/4 ინჩის სისქის გარსი. ტაფაში დაამატეთ მირლიტონის ხორცი და ადუღეთ დაახლოებით 5 წუთის განმავლობაში. შეურიეთ კრევეტები და მწვანე ხახვი და მოხარშეთ ურიეთ სანამ კრევეტები არ გახდება ვარდისფერი. შეურიეთ ½ ჭიქა იტალიური პურის ნამსხვრევები და კრაბის ხორცი, ნაზად აურიეთ ისე, რომ კრაბის ხორცი ნაჭრებად დარჩეს.

d) წაუსვით ცხიმწასმული საცხობ ფირფიტას მილიტონის ნაჭუჭები. შეავსეთ ნაჭუჭები ზღვის პროდუქტების ნარევით და თითოეულს მოაყარეთ 1 სუფრის კოვზი დარჩენილი პურის ნამსხვრევები. დარჩენილი კარაქი დაჭრით პატარა ნაჭრებად და ზემოდან გაანაწილეთ.

e) აცხვეთ ზემოდან ყავისფრამდე, დაახლოებით 30 წუთის განმავლობაში. ან ყავისფერი ქვეშ ბროილერის ბოლო რამდენიმე წუთის სამზარეულო მიირთვით დაუყოვნებლივ.

99. კუს სუპი

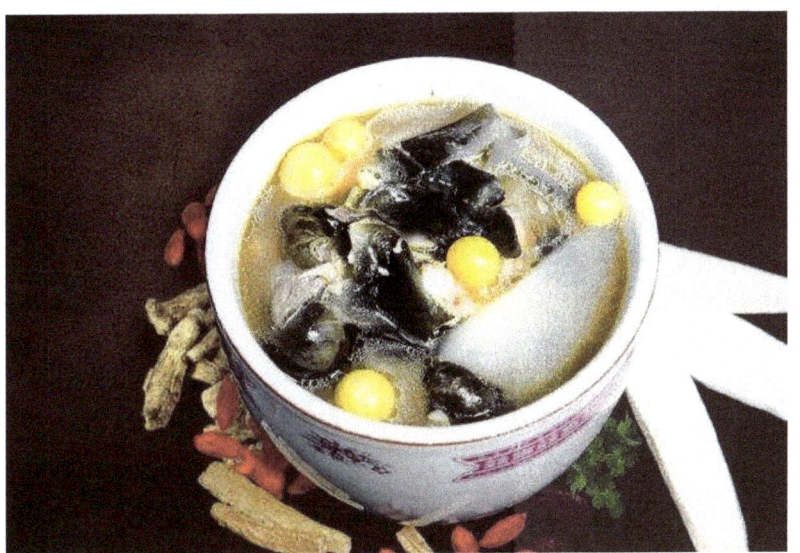

მზადდება 6 პორცია, როგორც საჭმელი, 12 პორცია მადის სახით

ინგრედიენტები:

- 2 ფუნტი კუს ფილე, დაჭრილი 1 დიუმიან ნაჭრებად
- მარილი და ახლადდაფქული შავი პილპილი გემოვნებით
- 10 სუფრის კოვზი კარაქი, გაყოფილი
- 5 ჭიქა წყალი
- 2 საშუალო ხახვი
- 2 მწვანე ბულგარული წიწაკა
- 3 ცალი ნიახურის ყუნწი
- 6 დიდი კბილი ნიორი
- ½ ჭიქა უნივერსალური ფქვილი
- 1 ½ ჭიქა ტომატის სოუსი
- 1 ჩაის კოვზი კრეოლური სუნელი
- ½ ჩაის კოვზი ხმელი თამი
- ½ ჩაის კოვზი იტალიური სუნელი
- 3 დაფნის ფოთოლი
- ½ ჩაის კოვზი მარილი
- ½ ჩაის კოვზი ახლადდაფქული შავი პილპილი
- 2 სუფრის კოვზი Worcestershire სოუსი
- ½ ჩაის კოვზი ტაბასკოს სოუსი
- 1 ლიმონის წვენი
- ½ ჭიქა კარგი ხარისხის შერი, პლუს დამატებითი მირთმევისთვის
- 4 ჭიქა დაჭრილი ისპანახი
- 3 სუფრის კოვზი დაჭრილი ბრტყელფოთლიანი ოხრახუში
- 4 მოხარშული კვერცხი, დაჭრილი
- ხორცს მსუბუქად მოაყარეთ მარილი და პილპილი.

ინსტრუქციები:

a) გააცხელეთ 2 სუფრის კოვზი კარაქი დიდ მძიმე ქვაბში და ნაწილებად შეწვით ხორცი ყველა მხრიდან, ერთ პარტია გადაიტანეთ თეფშზე, რომ მეორე შეწვიოდეს.

b) მთელი ხორცი დააბრუნეთ ქვაბში, დაასხით წყალი და მიიყვანეთ ადუღებამდე. შეამცირეთ ცეცხლი დაბალ ცეცხლზე,

დახურეთ თავსახური და ხარშეთ დახლოებით 1 საათის განმავლობაში, ან სანამ ხორცი არ დარბილდება. ხორცი გადმოიღეთთეფშზე და გადაწურეთდა შეინახეთბულიონი.

c) როდესაც ხორცი საკმარისადგაცივდება, რომ ატაროთ გახეხეთ თეფზითდა დაჭერითწვრილკუბებად ამის გაკეთება შეგიძლიათ კვების პროცესორში. დააყენეთგანზე.

d) კვების პროცესორში წვრილად დაჭერით ხახვი, ბულგარული წიწაკა, ნიახური და ნიორი. დააყენეთგანზე.

e) ჩამოიბანეთდა გააშრეთიგივე ქვაბი, რომელიც გამოიყენეთ კუბ ხორცის მოსამზადებლად დარჩენილი კარაქი გააცხელეთქვაბში დაბალ ცეცხლზე; დაუმატეთ ფქვილი და მოხარშეთ გამუდმებით აურიეთ რომ რძის შოკოლადის ფერის რუქი მიიღოთ დახლოებით 10 წუთის განმავლობაში. დაუმატეთ დაჭრილი ბოსტნეული და მოხარშეთ სანამ ძალიან არ გაფუჭდება. დაამატეთ ტომატის სოუსი და მოხარშეთ დახლოებით 5 წუთი. დაამატეთ ბულიონი, კრეოლური სუნელი, თამი, იტალიური სუნელი, დაფნის ფოთოლი, მარილი, პილპილი, Worcestershire სოუსი, ტაბასკოს სოუსი და ლიმონის წვენი. მოხარშეთ თავდახურული, საშუალო და დაბალ ცეცხლზე 30 წუთის განმავლობაში.

f) დაამატეთშერი, ისპანახი და ოხრახუში და მოხარშეთკიდევ 10 წუთი. ამოიღეთდა ფნის ფოთლები და შეურიეთკვერცხები.

g) მიირთვითთასებში და გადაიტანეთდამატებით შერი.

100. ღგნიაპე ჩილდ

მზადდება: 40 პორცია

ინგრედიენტები:

- 1 ფუნტი ხმელი პინტოლობიო
- 6 ლიტრი წყალი ან ძროხის ხორცი
- 2 დაფნის ფოთოლი
- 3 უნცია გამხმარი პომიდორი
- 1 სუფრის კოვზი სალბი
- 1 ჩაის კოვზი ორეგანო
- 3 ჩაის კოვზი კაიენის ფხვნილი
- 1 სუფრის კოვზი შავი მდოგვის თესლი; შემწვარი
- 1 სუფრის კოვზი კუმინის თესლი; შემწვარი
- ½ ჭიქა Worcestershire სოუსი
- ½ ჭიქა Nuoc mam
- ¼ ჭიქა შავი პილპილი
- ¼ ჭიქა ცხელი პაპრიკა
- ¼ ჭიქა დაფქული კუმინი
- 4 ღერი ჩიპოტლის წიწაკა; ნაჭრებად გახლეჩილი
- 2 ღერი ჯალაპენოწიწაკა; დაჭრილი
- 2 ფუნტი ახალი პომიდორი; დაჭრილი
- 1 ქილა (28 უნცია) გახეხილი პომიდორი; დაჭრილი
- 12 უნცია ტომატის პასტა
- 2 თავი ნიორი; დაჭრილი
- 2 ღერი ყვითელი ხახვი; დაჭრილი
- 4 სუფრის კოვზი კანოლის ზეთი
- 1 ფუნტი კიელბასა
- 3 ფუნტი საქონლის ხორცი
- 2 სუფრის კოვზი ხმელი კრევეტები
- 1 ჭიქა შებოლილი ხამანწკები
- ¼ ჭიქა თაფლი
- მარილი გემოვნებით

ინსტრუქციები:

a) დასველეთპინტოლობიო ღამით მერე დილითგაწურეთლობიო, გადაყარეთის, რაც მცურავია.

b) გააცხელეთ წყალი ან საქონლის ხორცი, დაამატეთ პინტო მიიყვანეთ ადუღებამდე, შეამცირეთ სითბო, დაამატეთ დაფნის ფოთოლი და ადუღეთ ორი საათის განმავლობაში. სანამ ლობიო ადუღდება, პატარა მშრალ ტაფაში მოათავსეთ ერთი სუფრის კოვზი ცილის თესლი და ერთი სუფრის კოვზი შავი მდოგვის თესლი. ჩართეთ სითბო და მოხარშეთ მუდმივად აურიეთ სანამ თესლი *ფრიალი* არ დაიწყებს ამოსვლას. სასწრაფოდ გადმოიღეთ ცეცხლიდან და გაანადგურეთ ნაღმტყორცნებიდან ან კვების პროცესორში. რეზერვი.

c) შემდეგ ლობიოებს დაუმატეთ ყველა მშრალი სანელებლები, პომიდორი და ჩიპოტლის წიწაკა. □ურიეთ კარგად დაამატეთ worcestershire სოუსი და nuoc mam, აურიეთ დიდ ტაფაში ჩაყარეთ ოთხი სუფრის კოვზი ზეთი, დაჭერით ხახვი და ხალაპენო წიწაკა და შეწვით საშუალო ცეცხლზე, სანამ ხახვი გამჭვირვალე გახდება. დაამატეთ ჩილის ქვაბში, აურიეთ დავჭრათ ერთი ფუნტი კიელბასა, მოყავისფრო ტაფაში, დავამატოთ ჩილი. ახლა გაყავით სამი ფუნტი საქონლის ხორცი, დაჭერით სპატულით ნაკბენის ზომის ნაჭრებად გადმოიღეთ ცეცხლიდან, გადაწურეთ და დაუმატეთ ჩილი.

d) ახლა ჩილიში დაჭერით ორი თავი (დაახლოებით25 კბილი) ნიორი. დაამატეთ ხმელი კრევეტები და შებოლილი ხამანწკები. აურიეთ მიიყვანეთ ადუღებამდე, შეამცირეთ საშუალო ადუღებამდე და მოხარშეთ თავდახურული, კიდევ ერთ-ორი საათის განმავლობაში, დროდადრო აურიეთ მირთმევამდე დაახლოებით თხუთმეტი წუთით ადრე დაამატეთ მეოთხედი ჭიქა თაფლი, აურიეთ და მარილი გემოვნებით გადმოიღეთ ცეცხლიდან და მიირთვით

დასკვნა

გილოცავ! თქვენ მიაღწიეთUltimate gumbo კულინარიული წიგნის ბოლოს. ვიმედოვნებთ რომ ამ კულინარიულმა წიგნმა შთაგაგონა ლუიზიანას საფირმო კერძის მდიდარი და რთული გემოების შესასწავლად. ჩვენ გვჯერა, რომ გუმბო უფრო მეტია, ვიდრე უბრალოდ რეცეპტი, ეს არის კულტურული გამოცდილება, რომელიც ასახავს რეგიონის მრავალფეროვან ისტორიას და ტრადიციებს.

ჩვენ შევეცადეთ რომ ეს კულინარიული წიგნი მაქსიმალურად ყოვლისმომცველი გაგვეკეთებინა, დეტალური რეცეპტებით ინგრედიენტების სახელმძღვანელოებით და სასარგებლო რჩევებით თუ როგორ შეგვექმნა სრულყოფილი რუხი. ვიმედოვნებთ რომ ეს ინფორმაცია დაგეხმარა გუმბოს მომზადებაში ნდობის მოპოვებაში და რომ გააგრძელებთ ახალი გემოსა და ტექნიკის შესწავლას.

გმადლობთ რომ შემოგვიერთდით ამ კულინარიულ მოგზაურობაში bayou-ში. ვიმედოვნებთ რომ თქვენ გაგიზიარებთ თქვენს გუმბოს შემოქმედებას ჩვენთან და თქვენს საყვარელ ადამიანებთან. კლასიკური ზღვის პროდუქტების გუმბოდან დაწყებული ქათმისა და ძეხვის გუმბოთი დამთავრებული, Ultimate gumbo კულინარიული წიგნი-ში არის რეცეპტი ყველასთვის. ბედნიერი სამზარეულო!

Ingram Content Group UK Ltd.
Milton Keynes UK
UKHW020721170523
421886UK00007B/27

9 781835 002414